IN THE SAME SERIES:

★ Selections from DIWAN-E-GHALIB
★ Selections from SHAKEEL BADAUNI
★ Selected poems of SAHIR LUDHIANVI
★ Selected poems of ALLAMA IQBAL
★ Selected poems of FAIZ AHMAD 'FAIZ'
★ Selected poetry of QATEEL SHAFAI
★ Selected poetry of BAHADUR SHAH 'ZAFAR'
★ Selections from AHMAD FARAZ

ALSO IN URDU:

★ TARKASH (Poetry) by Javed Akhtar
★ NADI KE PAAR (Poetry Urdu + Hindi) by Salman Akhtar

STAR PUBLICATIONS PVT. LTD.
New Delhi.110002

SELECTED POETRY OF

Josh Malihabadi

With original Urdu text, Roman and Hindi transliteration
and poetical translation into English

جوش ملیح آبادی کی شاعری

जोश मलीह आबादी

की शायरी

(अंग्रेज़ी अनुवाद के साथ)

English translation by :
Khwaja Tariq Mahmood
Compiled by :
Amar Varma

Selected Poetry of
JOSH MALIHABADI
(Multilingual edition)
English translation by Khwaja Tariq Mehmood
Star, New Delhi

ISBN : 978-81-7650-309-9

Revised Edition : 2024
Price : Rs. 395/-

Published by:
Star Publications Pvt. Ltd.
4/5 Asaf Ali Road, New Delhi-110 002

Printed at:
Adarsh Printers, Delhi-95

INDEX فہرست

* * *

غزل

سوزِ غم دے کے مجھے اُس نے یہ ارشاد کیا
جا تجھے کشمکش دہر سے آزاد کیا

وہ کریں بھی تو کن الفاظ میں تیرا شکوہ
جن کو تیری نگہۂ لطف نے برباد کیا

دل کی چوٹوں نے کبھی چین سے رہنے نہ دیا
جب چلی سرد ہوا، میں نے تجھے یاد کیا

اے میں سو جان سے اس طرزِ تکلّم کے نثار
پھر تو فرمایئے، کیا آپ نے ارشاد کیا

اس کا رونا نہیں کیوں تم نے کیا دل برباد
اس کا غم ہے کہ بہت دیر میں برباد کیا

اتنا مانوس ہوں فطرت سے، کلی جب چٹکی
جھک کے میں نے کہا، مجھ سے کچھ ارشاد کیا

مجھ کو تو ہوش نہیں تم کو خبر ہو شاید
لوگ کہتے ہیں کہ تم نے مجھے برباد کیا

• • •

HAVING CONDEMNED.....

Having condemned me to a life of suffering, beloved then intoned
Ah, your life sentence I have just now condoned

How can they find, if at all, some words to complain
Ruined by your non-chalance, from their perch dethroned

Inner scars of heart never allowed us peace of mind
When-ever buffeted by cold wind, we have cried and moaned

Ah, I am so bedazzled by your beguiling speech
Say it again, please, what you have intoned

We grieve not at all why you ruined our heart
That it had taken you that long, we have bemoaned

I am so in rapport with nature, that in unwrapping of buds
I wonder in all humility if unveiling could be postponed

I am fully incensed that you may perhaps sense
For my ruination, as per people's rumination, you are not atoned

* * *

Soze-G̲h̲am

soze-g̲h̲ama deke mujhe usane ye irśāda kiyā
jā tujhe kaśamakaśe-dahara se āzāda kiyā

vo kareṃ bhī to kina alfāza meṃ terā śikavā
jina ko terī nigāhe-lutfa ne barbāda kiyā

dila kī coṭoṃ ne kabhī caina se rahane na diyā
jaba calī sarda havā, maiṃ ne tujhe yāda kiyā

ai maiṃ sau jāna se isa tarze-takalluma ke nisāra
phira to faramāiye, kyā āpa ne irśāda kiyā

usa kā ronā nahīṃ kyoṃ tuma ne kiyā dila babārda
usa kā g̲h̲ama hai ki bahuta dera meṃ barbāda kiyā

itanā mānūsa hūṃ fitarata se, kalī jaba caṭakī
jhuka ke maiṃ ne kahā, mujha se kucha irśāda kiyā

mujha ko to hośa nahīṃ, tuma ko k̲h̲abara ho śāyada
loga kahate haiṃ ki tuma ne mujhe barbāda kiyā

✸ ✸ ✸

सोज़े-ग़म.....

सोज़े-ग़म देके मुझे उसने ये इर्शाद[1] किया
जा तुझे कशमकशे-दहर[2] से आज़ाद किया

वो करें भी तो किन अल्फ़ाज़ में तेरा शिकवा
जिन को तेरी निगहे-लुत्फ़[3] ने बर्बाद किया

दिल की चोटों ने कभी चैन से रहने न दिया
जब चली सर्द हवा, मैं ने तुझे याद किया

ऐ मैं सौ जान से इस तर्ज़े-तकल्लुम[4] के निसार
फिर तो फ़रमाइये, क्या आप ने इर्शाद किया

उस का रोना नहीं क्यों तुम ने किया दिल बर्बाद
उस का ग़म है कि बहुत देर में बर्बाद किया

इतना मानूस हूं फ़ितरत[5] से, कली जब चटकी
झुक के मैं ने कहा, मुझ से कुछ इर्शाद किया

मुझ को तो होश नहीं, तुम को ख़बर हो शायद
लोग कहते हैं कि तुम ने मुझे बर्बाद किया

* * *

---

1. कहना 2. समय का संघर्ष 3. ख़ुशी की नज़र 4 कहने का तरीका 5. आदत

غزل

ملا جو موقع تو روک دوں گا جلال روزِ حساب تیرا
پڑھوں گا رحمت کا وہ قصیدہ کہ ہنس پڑے گا عتاب تیرا

یہی تو ہیں دو ستون محکم، انہیں پہ قائم ہے بزمِ عالم
یہی تو ہے رازِ خُلد و آدم، نگاہ میری شباب تیرا

تمام محفل کے روبرو گو، اٹھائیں نظریں ملائی آنکھیں
سمجھ سکا ایک بھی نہ لیکن، سوال میرا، جواب تیرا

اِدھر میرا دل تڑپ رہا ہے تری جوانی کی جستجو میں
اُدھر مرے دل کی آرزو میں مچل رہا ہے شباب تیرا

کرے گی دونوں کا چاک پردہ، رہے گا دونوں کو کر کے رسوا
یہ شورشِ ذوقِ دید میری، یہ اہتمامِ حجاب تیرا

بھلا ہوا جوشؔ نے اٹھایا نگاہ کا چشم تر سے پردہ
بلا سے جاتی رہیں گر آنکھیں، کھُلا تو بند نقاب تیرا

• • •

IF I FIND.....

If I find it opportune, I shall risk your ire on the day of judgment
I shall recount your acts of mercy and so provoke your amusement

These are the two pillars of strength on which the world is resting
This is the secret of Adam on earth; for your beauty my enchantment

In front of the whole enclave, I dared to meet your eyes
But none could understand my candid questions, nor your emotive statement

Here my heart is restless in search of your youthfulness
There your beauty and my zest are sharing natural sentiment

My tempestuous wish to see, your circumspect nature to hide
Will unravel our inner secret, lead to its denouement

You deserve, O "Josh", credit to help unveil beloved's face
It matters not your eyes were blinded, it led to veil's easement

* * *

Milā Jo Mauqā.....

milā jo mauqā to roka dūṅgā jalāla roze-hisāba terā
pad̂hūṅgā rahamata kā vo qasīdā ki haṃsa pad̂egā itāba terā

yahī to haiṃ do sitūne-mohakama, inhīṃ pe qāyama hai bazme ālama
yahī to hai rāze-k̲h̲uldo ādama, nigāha merī śabāba terā

tamāma mahafila ke rūbarū go, uṭhāīṃ nazareṃ milāīṃ āṃkheṃ
samajha sakā eka bhī na lekina, savāla merā, javāba terā

idhāra merā dila tad̂apa rahā hai terī javānī kī justujū meṃ
udhara mire dila kī ārazū meṃ macala rahā hai śabāba terā

karegī donoṃ kā cāka pardā, rahegā donoṃ ko karake rusvā
ye śoriśeṃ zauqe-dīda merī, ye ehatimāme-hijāba terā

bhalā huā "jośa" ne uṭhāyā nigāha kā caśme-tara se pardā
balā se jātī raheṃ gara āṃkheṃ, khulā to banda naqāba terā

* * *

मिला जो मौक़ा.....

मिला जो मौक़ा तो रोक दूंगा जलाल रोज़े-हिसाब तेरा
पढ़ूंगा रहमत का वो क़सीदा कि हंस पड़ेगा इताब[1] तेरा

यही तो हैं दो सितूने-मोहकम[2], इन्हीं पे क़ायम है बज़्मे आलम
यही तो है राज़े-ख़ुल्दो आदम, निगाह मेरी शबाब तेरा

तमाम महफ़िल के रूबरू[3] गो, उठाईं नज़रें मिलाईं आंखें
समझ सका एक भी न लेकिन, सवाल मेरा, जवाब तेरा

इधर मेरा दिल तड़प रहा है तेरी जवानी की जुस्तुजू[4] में
उधर मिरे दिल की आरज़ू में मचल रहा है शबाब तेरा

करेगी दोनों का चाक[5] पर्दा, रहेगा दोनों को करके रुस्वा[6]
ये शोरिशे[7] ज़ौक़े-दीद मेरी, ये एहतिमामे-हिजाब[8] तेरा

भला हुआ "जोश" ने उठाया निगाह का चश्मे-तर[9] से पर्दा
बला से जाती रहें गर आंखें, खुला तो बंद नक़ाब[10] तेरा

* * *

---

1 क्रोध 2. मज़बूत आधार 3. सामने 4. खोज 5. फाड़ना
6. बदनाम 7. उपद्रव 8. शर्माना 9. भीगे नयन 10. पर्दा

غزل

پہچان گیا، سیلاب ہے اس کے سینے میں ارمانوں کا
دیکھا جو سفینے کو میرے، جی چھوٹ گیا طوفاں کا

یہ شوخ فضا، یہ تازہ چمن، یہ مست گھٹا، یہ سرد ہوا
کافر ہے اگر اس وقت بھی کوئی رُخ نہ کرے میخانوں کا

یہ کس کی حیات افروز نظر نے چھیڑ دیا ہے عالم کو
ہر خاک کے ادنیٰ ذرّے میں ہنگامہ ہے لاکھوں جانوں کا

ہاں ظلم و ستم سے بھی قدرے پڑتی ہیں خراشیں سینے میں
سب سے ہے مہلک زخم مگر اے حُسن ترے احسانوں کا

دنیا نے فسانوں کو بخشی افسردہ حقائق کی تلخی
اور ہم نے حقائق کے نقشے میں رنگ بھرا افسانوں کا

اے جوشؔ! جنوں کی شام و سحر میں وقت کی یہ رفتار نہیں
داناؤں کی طولانی صدیاں اور ایک نفس دیوانوں کا

• • •

BELOVED SAW.....

Beloved saw a flood of longings seething within my chest
Adverse forces all relented seeing my utmost zest

In this enticing environment, this efflorescence, enchanting breeze
It would be a sacrilege not to visit taverns at their best

Whose life-inspiring sight has provoked the whole world
Every particle of trodden dust is fluorescent to attest

Admittedly, torture and tormenting leave their own scars
The most lethal, however, are your favors unsuspect

The world clothed fiction with unpalatable truth
But we in pursuit of truth produced fiction that is deft

O "Josh", in the realm of intuition, time is of no consequence
As for long centuries of logic, moments of abstraction are abreast

* * *

Pahcān Gayā.....

pahacāna gayā, sailāba hai usa ke sīne meṃ aramānoṃ kā
dekhā jo safīne ko mere, jī chūṭa gayā tūfāṃ kā

ye śaukha fazā, ye tāzā camana, ye masta ghaṭā, ye sarda havā
kāfira hai agara isa vaqta bhī koī rukha na kare maikhānoṃ kā

ye kisa kī hayāta afaroza nazara ne cheḍa diyā hai ālama ko
hara khāka ke adanā zarre meṃ haṅgāmā hai lākhoṃ jānoṃ kā

hāṃ zulmo-sitama se bhī qadare paḍatī haiṃ kharāśeṃ sīne meṃ
saba se hai mohalika zakhma magara ai husna tere ehasānoṃ kā

duniyā ne fasanoṃ ko bakhśī afasurdā haqāiqa kī talakhī
aura hama ne haqāiqa ke naśe meṃ raṅga bharā afasānoṃ kā

ai jauśe-junūṃ kī śāmo-sahara meṃ vaqta kī ye raftāra nahīṃ
dānāoṃ kī tūlānī sadiyāṃ, aura eka nafasa dīvānoṃ kā

* * *

पहचान गया.....

पहचान गया, सैलाब[1] है उस के सीने में अरमानों का
देखा जो सफ़ीने[2] को मेरे, जी छूट गया तूफ़ां का

ये शौख़ फ़ज़ा, ये ताज़ा चमन, ये मस्त घटा, ये सर्द हवा
काफ़िर है अगर इस वक़्त भी कोई रुख़ न करे मैख़ानों[3] का

ये किस की हयात अफ़रोज़[4] नज़र ने छेड़ दिया है आलम[5] को
हर ख़ाक के अदना[6] ज़र्रे में हंगामा है लाखों जानों का

हां ज़ुल्मो–सितम से भी क़दरे पड़ती हैं ख़राशें सीने में
सब से है मोहलिक[7] ज़ख़्म मगर ऐ हुस्न तेरे एहसानों का

दुनिया ने फ़सानों को बख़्शी अफ़सुर्दा[8] हक़ाइक़ की तलख़ी[9]
और हम ने हक़ाइक़[10] के नशे में रंग भरा अफ़सानों का

ऐ जोशे–जुनूं की शामो–सहर[11] में वक़्त की ये रफ़्तार नहीं
दानाओं[12] की तूलानी सदियां, और एक नफ़स[13] दीवानों का

* * *

---

1. बाढ 2. घर 3. मधुशाला 4. जीवन की रौशनी 5. तुच्छ 6. घातक 7. दुखभरी 8. कड़वाहट 9. सच्चाई 10. सांय एवं प्रातः 11. समझदारो 12. श्वास

غزل

چھٹ گئے دل سے تیرگی کے حجاب
آفریں! اے نگاہِ عالم تاب
آڑے آیا نہ کوئی مشکل میں
مشورے دے کے ہٹ گئے احباب
کیا قیامت تھی صبر کی تلقین
اور بھی روح ہوگئی بے تاب
بارے اٹھے تو ناصحِ مشفق
ہاں! کدھر ہے صُراحیٔ مے ناب
ہاں! اثر ہوا محبت کا
ہم سے آنے لگا ہے ان کو حجاب
شب، جو وہ بیٹھے میرے پہلو میں
مسکرانے لگی شبِ مہتاب
جوشؔ! کھلتی تھی جن سے دل کی کلی
کیسے وہ لوگ ہوگئے نایاب

• • •

OPPRESSIVE DARKNESS....

Oppressive darkness has been lifted from the heart
Bravo! Beloved's piercing eye has played its part

Wail for help did not avail
Advice from friends was falling short

One hell was advice of forbearance
Impatience, instead, it was to impart

At last preacher has finished his sermon
Let flow of wine at least start

Our love is finding some response
Beloved, now, is not that apart

As beloved sat beside me coy
Environs were in ecstasy of every sort

O "Josh!" People we found so congenial
Why, if unfortunate, they had to depart

* * *

Chaṭ Gae Dil Se.....

chaṭa gae dila se teragī ke hijāba
āfarīṃ! ai nigāhe-ālama tāba

ā̂de āyā na koī muśkila meṃ
maśvare deke haṭa gae ehabāba

ḳyā qayāmata thī sabra kī talaqīna
aura bhī rūha ho gaī betāba

bāre uṭhe to nāsahe-muśphiqa
hāṃ! kidhara hai surāhī-e-maināba

hāṃ! asara huā muhabbata kā
hama se āne lagā hai una ko hijāba

śaba, jo vo baiṭhe mere pahalū meṃ
muskurāne lagī śabe mahatāba

"jośa!" khilatī thī jina se dila kī kalī
kaise vo loga ho gae nāyāba

• • •

छट गए दिल से.....

छट गए दिल से तेरगी के हिजाब[1]
आफ़रीं![2] ऐ निगाहे-आलम ताब[3]

आड़े आया न कोई मुश्किल में
मश्वरे[4] देके हट गए एहबाब[5]

क्या क़यामत थी सब्र की तलक़ीन
और भी रूह हो गई बेताब

बारे उठे तो नासहे-मुश्फ़िक़[6]
हां! किधर है सुराही-ए-मैनाब[7]

हां! असर हुआ मुहब्बत का
हम से आने लगा है उन को हिजाब

शब[8], जो वो बैठे मेरे पहलू में
मुस्कुराने लगी शब-ए-महताब[9]

"जोश!" खिलती थी जिन से दिल की कली
कैसे वो लोग हो गए नायाब

* * *

1. शर्म 2. शाबाश 3. संसार की आंखों की चमक 4. सलाह
5 मित्र 6. प्यार उपदेशक 7. शराब का गिलास 8. रात
9. चांदनी रात

غزل

اشکوں کو چین ہی نہیں آفت کئے بغیر
تم اور مان جاؤ شرارت کئے بغیر

اہلِ نظر کو یار دکھاتا رہِ وفا
اے کاش! ذکرِ دوزخ و جنّت کئے بغیر

اب دیکھ اس کا حال آتا نہ تھا قرار
خود تیرے دل کو، جس پہ عنایت کئے بغیر

اے ہم نشیں محال ہے ناصح کا ٹالنا
یہ اور یہاں سے جائیں نصیحت کئے بغیر

تم کتنے تند خو ہو کہ پہلو سے آج تک
اک بار بھی اٹھے نہ قیامت کئے بغیر

چلتا نہیں ہے محفلِ حسنِ جواں میں کام
ہر جنبشِ نظر سے عبادت کئے بغیر

مانا کہ ہر قدم پہ قیامت ہے پھر بھی جوشؔ
بنتا نہیں کسی سے محبت کئے بغیر

• • •

AWFULLY CAPTIVATING.....

Awfully captivating, beloved cannot help
Less than aggravating, beloved cannot help

Cult of fidelity in the realm of reality
Hell or heaven over-stating, beloved cannot help

You are all the time longing for beloved's belonging
But all the time vacillating, beloved cannot help

Difficult it is, O friend, to dissuade preacher
Unwarranted advice dictating, preacher cannot help

Such is tempestuous nature of beloved all the time
To leave without hallucinating, beloved cannot help

No way for one to have one's way without supplicating
As all the time intimidating, beloved cannot help

Admittedly, O "Josh", every step is agonizing hell
To ask beloved for dating, one cannot help

✱ ✱ ✱

Aśqoṃ Ko Cain.....

aśqoṃ ko caina hī nahīṃ āfata kie bag̲h̲aira
tuma aura māna jāo śarārata kie bag̲h̲aira

ehale-nazara ko yāra dikhātā rāhe vafā
ai kāśa! zikre-doza̲k̲h̲o-jannata kie bag̲h̲aira

aba dekha usakā hāla ātā na thā qarāra
k̲h̲uda tere dila ko, jisa pe ināyata kie bag̲h̲aira

ai hama naśīṃ muhāla hai nāseha kā ṭālanā
ye aura yahāṃ se jāyeṃ nasīhata kie bag̲h̲aira

tuma kitane tunda k̲h̲ū ho ki pahalū se āja taka
ika bāra bhī uṭhe na qayāmata kie bag̲h̲aira

calatā nahīṃ hai mahafile-husne-javāṃ meṃ kāma
hara jumbiśe-nazara se ibādata kie bag̲h̲aira

mānā ki hara qadama pe qayāmata hai phira bhī "jośa"
banatā nahīṃ kisī se muhabbata kie bag̲h̲aira

* * *

अश्क़ों को चैन ही नहीं.....

अश्क़ों को चैन ही नहीं आफ़त किए बग़ैर
तुम और मान जाओ शरारत किए बग़ैर

एहले–नज़र[1] को यार दिखाता रहे वफ़ा
ऐ काश! ज़िक्रे–दोज़ख़ो–जन्नत किए बग़ैर

अब देख उस का हाल आता न था क़रार
ख़ुद तेरे दिल को, जिस पे इनायत किए बग़ैर

ऐ हम नशीं मुहाल है नासेह[2] का टालना
ये और यहां से जायें नसीहत किए बग़ैर

तुम कितने तुंद ख़ू[3] हो कि पहलू से आज तक
इक बार भी उठे न क़यामत किए बग़ैर

चलता नहीं है महफ़िले–हुस्ने–जवां में काम
हर जुंबिशे–नज़र[4] से इबादत किए बग़ैर

माना कि हर क़दम पे क़यामत है फिर भी "जोश"
बनता नहीं किसी से मुहब्बत किए बग़ैर

* * *

---

1. पारखी 2. उपदेशक 3. क्रुद्ध स्वभाव 4. कंपकपाती दृष्टि

غزل

جہنّم سرد ہے جنّت کے در کھلوائے جاتے ہیں
سرِ محشر پجاری حسن کے بلوائے جاتے ہیں
غضب ہے یہ ادا ان کی دمِ آرائشِ گیسو
جھکی جاتی ہیں آنکھیں، خود بخود شرمائے جاتے ہیں
سحر کی ضو، شفق کی سرخیاں، برسات کے بادل
مجھے ہمراز پاکر یہ مناظر کھائے جاتے ہیں
نہ جانے کتنی رنگیں صحبتیں ہیں میری نظروں میں
بس اے مطرب! مری آنکھوں میں آنسو آئے جاتے ہیں
شبِ وعدہ یہ کیسی تیرگی ہے؟ وقت کیا ہوگا
تمناؤں کے غنچے ہم نفس! کملائے جاتے ہیں
کوئی حد ہی نہیں اس احترام آدمیّت کی
بدی کرتا ہے دشمن اور ہم شرمائے جاتے ہیں
بہت جی خوش ہوا اے ہم نشیں کل جوشؔ سے مل کر
ابھی اگلی شرافت کے نمونے پائے جاتے ہیں

• • •

HELL IS COLD.....

Hell is cold, there is open house for paradise
Lovers are summoned on doomsday as voluntary device

One hell are beloved's gestures to embellish tresses
All the time feeling shy, with the lowered eyes

Dawn's crimson blue, twilights fading hue, season's clouded view
They all are not inviting, though close my nature lies

Who knows what pleasant nostalgia I entertain
Suffice, O troubadour, as flood of tears defies

What suffocation on dating night, time seeme to slip
For beloved yet to come, we wait and surmise

No limit on our part to uphold human dignity
We feel remorse for any excess our enemy tries

In our meeting with "Josh" yesterday, O friend we were elated
That they are still in vogue our old values and ties

* * *

Jahannum Sard Hai....

jahannuma sarda hai jannata ke dara khulavāe jāte haiṃ
sare-mahaśara pujārī husna ke bulavāe jāte haiṃ

g͟hazaba hai ye adā unakī dama-e-ārāīśa-e-gaisū
jhukī jātī haiṃ āṃkheṃ, k͟huda-bak͟huda śaramāe jāte haiṃ

sahara kī zau, śafaqa kī surk͟hiyāṃ, barasāta ke bādala
mujhe hamarāza pākara ye manāzira khāye jāte haiṃ

na jāne kitanī raṅgīṃ sohabateṃ haiṃ merī nazaroṃ meṃ
basa ai mataraba! merī āṃkhoṃ meṃ āṃsū āe jāte haiṃ

śabe vādā ye kaisī teragī hai? vaqta kyā hogā
tamannāoṃ ke g͟hunce hama-nafasa kumalāe jāte haiṃ

koī hada hī nahīṃ isa ehatirāme-ādamiyata kī
badī karatā hai duśamana aura hama śaramāe jāte haiṃ

bahuta jī k͟huśa huā ai hamanaśīṃ kala "jośa" se milakara
abhī agalī śarāfata ke namūne pāe jāte haiṃ

* * *

जहन्नुम सर्द है.....

जहन्नुम[1] सर्द है जन्नत[2] के दर खुलवाए जाते हैं
सरे–महशर[3] पुजारी हुस्न के बुलवाए जाते हैं

ग़ज़ब है ये अदा उनकी दम–ए–आराइश[4]–ए–गैसू
झुकी जाती हैं आंखें, ख़ुद–बख़ुद शरमाए जाते हैं

सहर की ज़ौ, शफ़क़[5] की सुर्ख़िया, बरसात के बादल
मुझे हमराज़ पाकर ये मनाज़िर[6] खाये जाते हैं

न जाने कितनी रंगीं सोहबतें हैं मेरी नज़रों में
बस ऐ मतरब![7] मेरी आंखों में आंसू आए जाते हैं

शबे वादा ये कैसी तेरगी है? वक़्त क्या होगा
तमन्नाओं के गुन्चे हम नफ़स! कुमलाए जाते हैं।

कोई हद ही नहीं इस एहतिरामे–आदमियत[8] की
बदी करता है दुश्मन और हम शरमाए जाते हैं।

बहुत जी खुश हुआ ऐ हमनशीं कल "जोश" से मिल कर
अभी अगली शराफ़त के नमूने पाए जाते हैं।

* * *

1. स्वर्ग 2. कयामत का समय 3. सुख 4. सूरज डूबते समय आसमान पर बनी बादलों की लाली 5. दृष्य 6. संगीतकार 7. मानवता का सम्मान

غزل

قدم انساں کا راہِ دہر میں تھرّا ہی جاتا ہے
چلے کتنا ہی کوئی بچ کے ٹھوکر کھا ہی جاتا ہے

نظر ہو خواہ کتنی ہی حقیقت آشنا پھر بھی
ہجومِ کشمکش میں آدمی گھبرا ہی جاتا ہے

خلافِ مصلحت میں بھی سمجھتا ہوں، مگر واعظ
وہ آئے ہیں تو چہرہ پر تغیّر آ ہی جاتا ہے

ہوائیں زور کتنا ہی لگائیں آندھیاں بن کر
مگر جو گھِر کے آتا ہے وہ بادل چھا ہی جاتا ہے

شکایت کیوں اسے کہتے ہو، یہ فطرت ہے انساں کی
مصیبت میں خیالِ عیشِ رفتہ آ ہی جاتا ہے

سمجھتی ہیں مآلِ گُل، مگر کیا زورِ فطرت ہے
سحر ہوتے ہی کلیوں کو تبسّم آ ہی جاتا ہے

* * *

IN THE REALM.....

In the realm of reality, one is caught up in affray
However one may care, one is bound to go astray

Even with a penetrating sight, there is oversight
Facing myriad challenges, mind is at bay

I know it is not expedient, but even so, O preacher
On the appearance of beloved, I get carried away

Winds may huff and puff and become a storm
But billowing clouds remain afloat and hold their sway

Why treat it as a complaint, nature knows no restraint
We recall our happy days, in days of dismay

They know the flower's fate, even so compulsively
Buds unveil at dawn, to smile at flowers life of a day

* * *

Qadam Insāṃ Kā.....

qadama inasāṃ kā rāhe-dahara meṃ tharrā hī jātā hai
cale kitanā hī koī baca ke, ṭhokara khā hī jātā hai

nazara ho khvāha kitanī hī haqīqata āśanā phira bhī
hujūme-kaśamakaśa meṃ ādamī ghabarā hī jātā hai

khilāfe-maslehata meṃ bhī samajhatā hūṃ, magara vāiza
vo āe haiṃ to cehare para taghayyura ā hī jātā hai

havāyeṃ zora kitanā hī lagāyeṃ āṃdhiyāṃ bana kara
magara jo ghira ke ātā hai vo bādala chā hī jātā hai

śikāyata kyoṃ use kahate ho, ye fitarata hai inasāṃ kī
musībata meṃ khyāle-aiśa raftā ā hī jātā hai

samajhatī haiṃ māle-gula, magara kyā zore-fitarata hai
sahara hote hī kaliyoṃ ko tabassuma ā hī jātā hai

* * *

क़दम इनसां का.....

क़दम इनसां का राहे–दहर में थर्रा ही जाता है
चले कितना ही कोई बच के, ठोकर खा ही जाता है

नज़र हो ख़्वाह कितनी ही हक़ीक़त आशना फिर भी
हुजूमे–कशमकश[1] में आदमी घबरा ही जाता है

ख़िलाफ़े–मस्लेहत[2] मैं भी समझता हूं, मगर वाइज़
वो आए हैं तो चेहरे पर तग़य्युर[3] आ ही जाता है

हवायें ज़ोर कितना ही लगायें आंधियां बन कर
मगर जो घिर के आता है वो बादल छा ही जाता है

शिकायत क्यों उसे कहते हो, ये फ़ितरत है इनसां की
मुसीबत में ख़्याले–ऐश रफ़्ता आ ही जाता है

समझती हैं माले–गुल, मगर क्या ज़ोरे–फ़ितरत है
सहर होते ही कलियों को तबस्सुम[4] आ ही जाता है

* * *

---

1. असमंजस की भीड़ 2. नीति के विरुद्ध 3. परिवर्तन
4 मुस्कुराहट

غزل

اٹھی وہ گھٹا، رنگ ساماں نیاں کر
گہر پاشیاں کر، زر افشانیاں کر

وہ چہکے عنادل، وہ سنکیں ہوائیں
گُلوں کی طرح چاک دامانیاں کر

صراحی جھکا اور دھومیں مچادے
گلابی اٹھا اور گُل افشانیاں کر

مٹا داغِ ہوش اور مدہوش بن جا
اٹھا جامِ زر اور سلطانیاں کر

سکوں پاؤں چومے وہ ہلچل مچادے
حزدسر جھکا دے وہ نادانیاں کر

علَم کھول کر جوش بدمستیوں کے
جہاں داریاں کر، جہاں بانیاں کر

* * *

BILLOWING CLOUDS.....

Billowing clouds beckon, immerse in enjoyment
Dish out immense mirth, bring about merriment

Night gales are singing, winds are astir
Flowers unveil to bestir, become their embodiment

Let wine flow from flask, help yourself from cask
Hold aloft the goblet, until fulfillment

Leave all traces of sense and get incensed
Fill the cup and rule the firmament

Taking leave of prudence, go berserk
Setting aside caution, go cause a ferment

Unfurling the banner of excesses, O "Josh"
Go rule the world, rule the environment

* * *

Uṭhī Vo Ghaṭā.....

uṭhī vo ghaṭā, raṅge sāmāniyāṃ kara
guhara pāśiyāṃ kara, zarā afaśāniyāṃ kara

voha cahake anādila, vo sanakīṃ havāyeṃ
guloṃ kī taraha cāka-dāamāanayāṃ kara

surāhī jhukā aura dhūmeṃ macāde
gulābī uṭhā aura gula afaśāniyāṃ kara

miṭā dāg̲he-hośa aura madahośa bana jā
uṭhā jāme-zarā aura sulatāniyāṃ kara

sakūṃ pām̐va cūme vo halacala macāde
hazo sara jhukā de vo nādāniyāṃ kara

alama khola kara "jośa' bada mastiyoṃ ke
jahāṃ-dāriyāṃ kara, jahāṃ-bāniyāṃ kara

* * *

उठी वो घटा.....

उठी वो घटा, रंगे सामानियां कर
गुहर पाशियां कर, ज़र–अफ़्शानियां[1] कर

वोह चहके अनादिल[2], वो सनकीं हवायें
गुलों की तरह चाक–दामानियां कर

सुराही झुका और घूमें मचादे
गुलाबी उठा और गुल–अफ़्शानियां[3] कर

मिटा दाग़े–होश और मदहोश बन जा
उठा जामे–ज़रा और सुलतानियां कर

सकूं पाँव चूमे वो हलचल मचादे
हज़ों[4] सर झुका दे वो नादानियां कर

अल्म खोल कर "जोश" बद मस्तियों के
जहां–दारियां[5] कर, जहां–बानियां[6] कर

* * *

1. धन वर्षा 2. बुलबुलें 3. पुष्प वर्षा 4. निंदा 5. शासन
6. शासन

غزل

جہاں ہے شوق، وہاں کیف و کم کی بات نہیں
دیارِ عیش میں دیر و حرم کی بات نہیں

جہاں بھی روک لے نظر، وہیں ٹھہر جاؤں
عرب کی بات نہیں ہے، عجم کی بات نہیں

ازل سے دشت نوردی کا شوق ہے دل کو
غزالِ دشت کے اندازِ رم کی بات نہیں

بُلا رہی ہے مری خوئے اعتبار مجھے
کسی کے قول، کسی کی قسم کی بات نہیں

خود اپنا ذوقِ اسیری ہے پاؤں کی زنجیر
حضور! آپ کی زلفوں کے خم کی بات نہیں

مرے وجود کی بنیاد ہے عبادت پر
بہارِ کوثر و باغِ ارم کی بات نہیں

کسی کے عشوۂ دریادلی پہ مرتا ہوں
کسی کی بخششِ دام و دِرم کی بات نہیں

• • •

IN THE REALM.....

In the realm of Zest, no talk of more or less
In the realm of love, no talk of excess

We take a pause, where eyes come to rest
No talk of here and there, nothing to digress

Heart is prone to wanderlust, since ages
No talk of how and where, nor any guess

My credulous heart is leading me to believe
Beloved's vow avowedly, none-the-less

Our taste for captivity acts as a fetter
We don't need beloved's curls and caress

My edifice is based on prayerfulness
Reward of paradise is not in my thought process

I hold beloved in respect for the wealth of love I get
For beloved's worldly wealth, I could'nt care less

* * *

Jahāṃ Hai Śauq.....

jahāṃ hai śauqa, vahāṃ hai kaifo-kama kī bāta nahīṃ
dayāre-aiśa meṃ dairo-harama kī bāta nahīṃ

jahāṃ bhī roka le nazara, vahīṃ ṭhahara jāuṃ
araba kī bāta nahīṃ hai, ajama kī bāta nahīṃ

azala se daśte-navardī kā śauqa hai dila ko
ghazāle-daśta ke aṃdāze-dama kī bāta nahīṃ

bulā rahī hai merī khūe-etibāra mujhe
kisī ke qaula, kisī kī qasama kī bāta nahīṃ

khuda apanā zauqe-asīrī hai pāṃva kī zañjīra
huzūra! āpa kī zulfoṃ kī khama kī bāta nahīṃ

mere vajūda kī buniyāda hai ibādata para
bahāre-kosara va bāghe-adama kī bāta nahīṃ

kisī ke aśvae-dariyā-dilī pe maratā hūṃ
kisī kī bakhaśiśa-e-dāmo-dirama kī bāta nahīṃ

✹ ✹ ✹

जहां है शौक़.....

जहां है शौक़, वहां कैफ़ो–कम की बात नहीं
दयारे–ऐश में दैरो–हरम[1] की बात नहीं

जहां भी रोक ले नज़र, वहीं ठहर जाऊं
अरब की बात नहीं है, अजम की बात नहीं

अज़ल से दश्ते–नवर्दी[2] का शौक़ है दिल को
ग़ज़ाले–दश्त के अंदाज़े–दम की बात नहीं

बुला रही है मेरी ख़ूए–एतिबार मुझे
किसी के क़ौल, किसी की क़सम की बात नहीं

ख़ुद अपना ज़ौक़े–असीरी[3] है पांव की ज़ंजीर
हुज़ूर! आप की ज़ुल्फ़ों की ख़म की बात नहीं

मेरे वजूद की बुनियाद है इबादत पर
बहारे–कौसर व बाग़े–अदम की बात नहीं

किसी के अश्वए–दरिया–दिली[4] पे मरता हूं
किसी की बख़्शिश–ए–दामो–दिरम[5] की बात नहीं

* * *

---

1. मंदिर–मस्जिद 2. जंगल की यात्रा 3. बंदी बनने की अभिरूचि
4. अहंकार की दयालुता 5. भिक्षा

غزل

نمایاں منتہائے سعیِ پیہم ہوتی جاتی ہے
طبیعت بے نیاز ہر دو عالم ہوتی جاتی ہے

اٹھی جاتی ہے دل سے ہیبت آلامِ روحانی
جراحت بہرِ قلبِ زار مرہم ہوتی جاتی ہے

کنارہ کر رہا ہے روح سے ہیجان سرتابی
کہ گردن جستجو کے ذوق میں خم ہوتی جاتی ہے

جنوں کا چھا رہا ہے زندگی پر دھندلکا سا
خرد کی روشنی سینے میں مدھم ہوتی جاتی ہے

نسیم بے نیازی آرہی ہے بامِ گردوں سے
عروسِ مدّعا کی زلف برہم ہوتی جاتی ہے

نمایاں ہو چلا ہے اک جہاں چشمِ تصور پر
نظر شاید حریفِ ساغرِ جم ہوتی جاتی ہے

گرہ یوں کھل رہی ہے ہر نفس ذوقِ تماشا کی
کہ ہر ادنیٰ سی شے اب ایک عالم ہوتی جاتی ہے

خجل تھا جس کی شورش سے تلاطم بحرِ ہستی کا
مرے دل میں وہ ہلچل، جوش، اب کم ہوتی جاتی ہے

• • •

MY CONSISTENT.....

My consistent quest for love is paying dividend
Message of non-chalance for the world I send

Heart is getting immune against the fear of calamity
Afflicted heart against the dart can easily defend

My rebellious restlessness is at war within itself
So that head remains high and may not bend

Waywardness is casting its shadow to blur the vision
Prudence within the bosom has a lot to contend

Prayerfulness is not meeting from on high approval
Response for our pleas is being difficult to descend

Imagination in eye can so envision within itself
That world is in proverbial goblet reflected end to end

At behest of zest is knot unraveling every moment
That every particle is miniature sun to behold and befriend

That tumult within my heart is now on the wane
That once was a raging torrent, difficult to fend

* * *

Numāyāṃ Muntahā.....

numāyāṃ muntahāe-saī-e-paihama hotī jātī hai
tabiyata be-niyāza hara doṃ ālama hotī jātī hai

uṭhī jātī hai dila se haibate-ālāme rūhānī
jarāhata bahare-qalbe-zāra marahama hotī jātī hai

kinārā kara rahā hai rūha se haijāṃ saratābī
ki gardana justajū ke zauqa meṃ khama hotī jātī hai

junūṃ kā chā rahā hai zindagī para dhundalakā sā
khirda kī rośanī sīne meṃ maddhama hotī jātī hai

nasīme be-niyāzī ā rahī hai bāme girdūṃ se
urūsa-e-muddaā kī zulfa birahama hotī jātī hai

numāyāṃ ho calā hai ika jahāṃ caśme-tasavvura para
nazara śāyada harīfa sāghara-e-jama hotī jātī hai

giraha yūṃ khula rahī hai hara nafasa zauqe tamāśa kī
ki hara adanā sī śai aba eka ālama hotī jātī hai

khajala thā jisa kī śoriśa se talātuma bahare hastī kā
mire dila meṃ vaha halacala "jośa" aba kama hotī jātī hai

* * *

नुमायां मुन्तहा.....

नुमायां मुन्तहाए[1]–सई–ए–पैहम[2] होती जाती है
तबियत बे–नियाज़ हर दो आलम होती जाती है

उठी जाती है दिल ले हैबते–आलामे रूहानी
जराहत[3] बहरे–क़ल्बे–ज़ार मरहम होती जाती है

किनारा कर रहा है रूह से हैजान[4] सरताबी
कि गर्दन जुस्तजू के ज़ौक में ख़म होती जाती है

जुनूं का छा रहा है ज़िन्दगी पर धुन्दलका सा
ख़िर्द की रोशनी सीने में मद्धम होती जाती है

नसीमे बे–नियाज़ी आ रही है बामे गिर्दूं से
उरूस–ए–मुद्दआ की ज़ुल्फ़ बिरहम होती जाती है

नुमायां हो चला है इक जहां चश्मे–तसव्वुर पर
नज़र शायद हरीफ़[5] साग़र–ए–जम होती जाती है

गिरह यूं खुल रही है हर नफ़स ज़ौक़े तमाशा की
कि हर अदना सी शै अब एक आलम होती जाती है

ख़जल[6] था जिस की शोरिश से तलातुम[7] बहरे हस्ती का
मिरे दिल में वह हलचल "जोश" अब कम होती जाती है

❋ ❋ ❋

---

1. पराकाष्ठा 2. निरंतर प्रयत्न 3. शल्य चिकित्सा 4. अशांति
5. प्रतिद्वन्दी 6. लज्जित 7. तूफ़ान

غزل

دوراندیش مریضوں کی یہ عادت دیکھی
ہر طرف دیکھ لیا جب تیری صورت دیکھی

آئے اور اِک نگہٗ خاص سے پھر دیکھ گئے
جب کہ آتے ہوئے بیمار میں طاقت دیکھی

قوتیں ضبط کی ہر چند سنبھالے تھیں مجھے
پھر بھی ڈرتے ہوئے میں نے تری صورت دیکھی

اس کی صورت کو بہت غور سے دیکھا میں نے
سرسری طور سے جس نے تیری صورت دیکھی

سب یہ کہتے ہیں ''اسے اب کوئی آزار نہیں''
کیوں ستمگار مرے ضبط کی قوت دیکھی

اس قدر یاس بھی ہوتی ہے کہیں دنیا میں
رو دیئے ہم جو تری چشمِ عنایت دیکھی

مجھ کو تعلیم سے فرصت ہی کہاں اے جوشؔ
کہ لیا شعر جب کوئی فرصت دیکھی

• • •

AMONG THE SEASONED.....

Among the seasoned lovers we have this ploy detected
Whenever confronted by beloved, their looks are dejected

Beloved came and cast around a special look
Seeing the sufferer in poor shape had been resurrected

My powers of restraint had kept me back all the time
Yet with all constraint, with beloved I interacted

Anyone that saw you with a cursory glance
I say the same person with a glance well impacted

Every one now agrees that beloved has become harmless
O tormentor! Is my for-bearance well perfected

How in the world can hopelessness be excessive
We burst into tears to see beloved interested

I have no time on hand, O "Josh", except education
I try my hand saying verses, when time is not divested

* * *

Dūr Aṃdeśī.....

dūra aṃdeśa marīzoṃ kī ye ādata dekhī
hara tarafa dekha liyā jaba terī sūrata dekhī

āe aura ika nigaha-e-khāsa se phira dekha gae
jaba ki āte hue bīmāra meṃ tāqata dekhī

quvvateṃ zabta kī hara canda saṃbhāle thīṃ mujhe
phira bhī ḍarate hue maiṃ ne terī sūrata dekhī

usakī sūrata ko bahuta g̲h̲aura se dekhā maiṃ ne
sarasarī taura se jisa ne terī sūrata dekhī

saba ye kahate haiṃ "use aba koī āzāra nahīṃ"
kyoṃ sitamagāra mere zabta kī quvvata dekhī

isa qadra yāsa bhī hotī hai kahīṃ duaniyā meṃ
ro diye hama jo terī caśme-ināyata dekhī

mujha ko tālīma se fursata hī kahāṃ ai "jośa"
kaha liyā śaira jaba koī fursata dekhī

* * *

दूर अंदेशी.....

दूर अंदेश मरीज़ों की ये आदत देखी
हर तरफ़ देख लिया जब तेरी सूरत देखी

आए और इक निगह–ए–ख़ास से फिर देख गए
जब कि आते हुए बीमार में ताक़त देखी

क़ुव्वतें[1] ज़ब्त की हर चंद संभाले थीं मुझे
फिर भी डरते हुए मैं ने तेरी सूरत देखी

उस की सूरत को बहुत ग़ौर से देखा मैं ने
सरसरी तौर से जिस ने तेरी सूरत देखी

सब ये कहते हैं "उसे अब कोई आज़ार[2] नहीं"
क्यों सितमगार मेरे ज़ब्त की क़ुव्वत देखी

इस क़द्र यास[3] भी होती है कहीं दुनिया में
रो दिये हम जो तेरी चश्मे–इनायत देखी

मुझ को तालीम से फ़ुर्सत ही कहां ऐ "जोश"
कह लिया शैर जब कोई फ़ुर्सत देखी

* * *

1. शक्ति 2. बीमारी 3. निराशा

غزل

کیوں خوشی ہم کو عمر بھر نہ ہوئی
تم کو اس راز کی خبر نہ ہوئی

سازِ عشرت کی دل فریب صدا
ہمسر ِگریۂ سحر نہ ہوئی

میری وارفتگی معاذ اللہ
تم بھی آئے تو کچھ خبر نہ ہوئی

کون اس کا یقین لائے گا
میرا مرنا تمھیں خبر نہ ہوئی

آگئی شرم میرے شکووں کو
جب کہ نیچی تری نظر نہ ہوئی

ہم بھی اٹھتے بخندہ پیشانی
کبھی ایسی کوئی سحر نہ ہوئی

• • •

WHY HAPPINESS.....

Why happiness all our life we couldn't partake
Beloved remained unaware of our mistake

Invitation to luxury is so tempting
But we didn't respond for austerity sake

I may be forgiven for my oversight
For your welcome I was half awake

How will one quite believe
That beloved took my demise as fake

My entreaties failed to move beloved
No help beloved was to undertake

We would gladly face the daily grind
If dawn had greeted us at daybreak

* * *

Kyoṃ Khuśī.....

kyoṃ khaśī hama ko umra bhara na huī
tuma ko isa rāza kī khabara na huī

sāze-iśrata kī dila-fareba sadā
hamasara giriyā-e-sahara na huī

merī vārafatagī maāzallāha
tuma bhī āe to kucha khabara na huī

kauna isa kā yaqīna lāyegā
merā maranā tumheṃ khabara na huī

ā gaī śarma mere śikvoṃ ko
jabaki nīce terī nazara na huī

hama bhī uṭhate bakhandā paiśānī
kabhī aisī koī sahara na huī

* * *

क्यों ख़ुशी.....

क्यों ख़ुशी हम को उम्र भर न हुई
तुम को इस राज़ की ख़बर न हुई

साज़े–इशरत[1] की दिल–फ़रेब सदा
हमसर गिरिया–ए–सहर[2] न हुई

मेरी वारफ़्तगी[3] मआज़ल्लाह
तुम भी आए तो कुछ ख़बर न हुई

कौन इस का यक़ीन लायेगा
मेरा मरना तुम्हें ख़बर न हुई

आ गई शर्म मेरे शिक्वों को
जबकि नीची तेरी नज़र न हुई

हम भी उठते बख़न्दा[4] पैशानी
कभी ऐसी कोई सहर न हुई

* * *

---

1. सुख निर्माण 2. प्रातःकाल की रुदन 3. चोट 4. प्रसन्नतापूर्वक

غزل

میری حالت دیکھئے اور اُن کی صورت دیکھئے
پھر نگاہِ غور سے قانونِ قدرت دیکھئے

بزمِ مہتاب و کواکب سے تبسّم تا بکے
رو رہی ہے وہ کسی کی شمع تربت دیکھئے

آپ اک جلوہ سراسر، میں سراپا اک نظر
اپنی حاجت دیکھئے، میری ضرورت دیکھئے

اپنے سامان تعیّش سے اگر فرصت ملے
بیکسوں کا بھی کبھی طرزِ معیشت دیکھئے

مسکراکر اس طرح آیا نہ کیجئے سامنے
کس قدر کمزور ہوں میں میری صورت دیکھئے

آپ کو لایا ہوں ویرانوں میں عبرت کے لئے
حضرتِ دل دیکھئے، اپنی حقیقت دیکھئے

صرف اتنے کے لئے آنکھیں ہمیں بخشیں گئیں
دیکھئے دُنیا کے منظر، اور یہ عبرت دیکھئے

• • •

SEE BELOVED'S.....

See beloved's willfulness, see my condition drained
Then you see with thoughtfulness what nature has ordained

Not to look at moon and stars in their glamour
Look at glimmer of graveside lamp, hardly sustained

Beloved is all resplendent, I am all despondent
Look at someone's haughtiness, look at me disdained

If you spare a moment in your world of luxury
Look at my impoverished state, continuously contained

Not to come face to face, wearing a smile on face
Not to exploit my feebleness, no strength remained

With wealth always on mind, is no high mindedness
Just as well human rights, humaneness obtained

Seeing eyes were granted just for this reason
That we savor sights of world and be deranged

* * *

Merī Hālat.....

merī hālata dekhie aura unakī sūrata dekhie
phira nigāhe-gẖaura se qānūne-qudarata dekhie

bere mahatāba va kavākiba se tabassuma tābake
ro rahī hai vo kisī kī śamā turabata dekhie

āpa ika jalavā sarāsara, maiṃ sarāpā ika nazara
apanī hājata dekhie, merī zarūrata dekhie

apane sāmāna-taīśa se agara fursata mile
bekasoṃ kā bhī kabhī tarze-maīśata dekhie

muskurākara isa taraha āyā na kījie sāmane
kisa qadra kamazora hūṃ maiṃ merī sūrata dekhie

āpa ko lāyā hūṃ vīrānoṃ meṃ ibarata ke lie
hazarate-dila dekhie, apanī haqīqata dekhie

sirfa itane ke lie āṃkheṃ hameṃ bakẖaśīṃ gaīṃ
dekhie duniyā ke mañzara, aura ye ibarata dekhie

* * *

मेरी हालत.....

मेरी हालत देखिए और उनकी सूरत देखिए
फिर निगाहे–ग़ौर से क़ानूने–कुदरत देखिए

बेरे महताब व कवाकिब से तबस्सुम ताबके
रो रही है वो किसी की शमा तुरबत[1] देखिए

आप इक जलवा सरासर, मैं सरापा इक नज़र
अपनी हाजत देखिए, मेरी ज़रूरत देखिए

अपने सामान तईश[2] से अगर फ़ुर्सत मिले
बेकसों का भी कभी तर्ज़े–मईशत[3] देखिए

मुस्कुराकर इस तरह आया न कीजिए सामने
किस क़द कमज़ोर हूं मैं मेरी सूरत देखिए

आप को लाया हूं वीरानों में इबरत[4] के लिए
हज़रते–दिल देखिए, अपनी हक़ीक़त देखिए

सिर्फ़ इतने के लिए आंखें हमें बख़्शी गई
देखिए दुनिया के मंज़र, और ये इबरत देखिए

* * *

---

1. समाधि, क़ब्र 2. भोग–विलास 3. जीविका–पद्धति 4 सीख

غزل

جب سے مرنے کی جی میں ٹھانی ہے
کس قدر ہم کو شادمانی ہے

شاعری کیوں نہ راس آئے مجھے
یہ مرا فنِ خاندانی ہے

کیوں لبِ التجا کو دوں جنبش
تم نہ مانو گے اور نہ مانی ہے

روح کیا ہے؟ آہ کی خفیف ہوا
خون کیا ہے؟ آنسوؤں کا پانی ہے

آپ ہم کو سِکھائیں رسمِ وفا
مہربانی ہے، مہربانی ہے

دل ملا ہے جنہیں ہمارا
تلخ ان سب کی زندگانی ہے

کوئی صدمہ ضرور پہنچے گا
آج دل کو کچھ شادمانی ہے

• • •

EVER SINCE WE.....

Ever since we made our dieing intent
Our heart has been all content

Why I shouldn't be adept at poetry
From ancestors I have inherited the talent

Why let request slip my lip
As ever, you will not nod in agreement

What is blood, but liquid in flood
What is soul, but sighs and lament

You will teach us art of fealty
I take it as your compliment

Whoever has won over our heart
Has suffered only pangs of torment

We are bound to face trauma and drama
To day our heart is full of enjoyment

* * *

Jab Se Marne Kī.....

jaba se marane kī jī meṃ ṭhānī hai
kisa qadra hama ko śādamānī hai

śāyarī kyoṃ na rāsa āe mujhe
ye merā fane khānadānī hai

kyoṃ labe-iltijā ko dūṃ jumbiśa
tuma na mānoge aura na mānī hai

rūha kyā hai āha kī khafīfa havā
khūna kyā hai āṃsūoṃ kā pānī hai

āpa hama ko sikhāyeṃ rahame-vafā
maharabānī hai, maharabānī hai

dila milā hai jinheṃ hamārā
talkha una saba kī zindagānī hai

koī sadamā zarūra pahuñcegā
āja dila ko kucha śādamānī hai

जब से मरने की......

जब से मरने की जी में ठानी है
किस क़द्र हम को शादमानी[1] है

शायरी क्यों न रास आए मुझे
ये मेरा फ़ने-ख़ानदानी[2] है

क्यों लबे-इल्तिजा को दूं जुंबिश
तुम न मानोगे और न मानी है

रूह क्या है ? आह की ख़फ़ीफ़[3] हवा
ख़ून क्या है ? आंसूओं का पानी है

आप हम को सिखायें रहमे-वफ़ा
महरबानी है, महरबानी है

दिल मिला है जिन्हें हमारा
तल्ख़[4] उन सब की ज़िन्दगानी है

कोई सदमा ज़रूर पहुंचेगा
आज दिल को कुछ शादमानी है

✵ ✵ ✵

1. खुशी 2. परिवारिक कला 3. थोड़ी, कम 4. कटु

غزل

ہنوز یاد ہے وہ رنگِ اضطراب ترا
بھرا تھا درد کے نغموں سے جب رباب ترا

وہ ابتدائے محبت کی تند راتوں میں
بساطِ غم یہ مچلتا ہوا شباب ترا

وہ آنسوؤں کے دھند لکے میں چشمِ نم تیری
وہ کروٹوں کے تلاطم میں فرشِ خواب ترا

وہ بات بات میں چھالا سا چمک اٹھنا
نظر جھکا کے وہ لہجہ دمِ خطاب ترا

مژہ کی طرح جھپکتا ہوا مرا وہ سوال
وہ دل کی طرح دھڑکتا ہوا جواب ترا

• • •

THE LOST LOOK.....

That lost look of yours is still on my mind
All the sadness of the past lies all behind

The first stirrings of love were so tempestuous
Your youthfulness so provocative, all well defined

In the mist and midst of tears, your doleful eyes
Restlessness of spirit and body left you in a bind

Sweetness of your breath was so intoxicating
I felt so nervous in your tresses entwined

Every word of yours reflected your exuberance
Yet your inner shyness was of its own kind

Nervousness of my request reflected your eyelashes
Your reply was condescending, though undefined

* * *

Raṅge-Iztarāb

hanūza yāda hai vo raṅge-iztarāba terā
bharā thā darda ke naghamoṃse jaba rabāba terā

vo ibtidāe muhabbata kī tunda rātoṃ meṃ
bisāte-ghama ye macalatā huā śabāba terā

vo āṃsūoṃ ke dhundalake meṃ caśme-nama terī
vo karavaṭoṃ ke talātuma meṃ farśe-khvāba terā

vo bāta bāta meṃ chālā sā camaka uṭhanā
nazara jhukā ke vo lahajā dame khitāba terā

aśarā kī taraha jhapakatā huā merā vo savāla
vo dila kī taraha dhaḍakatā huā javāba terā

* * *

रंगे-इज़्तराब

हनूज़ याद है वो रंगे–इज़्तराब[1] तेरा
भरा था दर्द के नग़मों से जब रबाब तेरा

वो इब्तिदाए मुहब्बत की तुंद[2] रातों में
बिसाते–ग़म[3] ये मचलता हुआ शबाब तेरा

वो आंसूओं के धुंदलके में चश्मे–नम तेरी
वो करवटों के तलातुम में फ़र्शे–ख़्वाब तेरा

वो बात बात में छाला सा चमक उठना
नज़र झुका के वो लहजा दमे ख़िताब[4] तेरा

अशरा की तरह झपकता हुआ मेरा वो सवाल
वो दिल की तरह धड़कता हुआ जवाब तेरा

* * *

---

1. व्याकुलता का रंग 2. प्रचंड 3. दुख का विस्तार 4. उपाधि

غزل

ساری دنیا ہے اک پردۂ راز
اف رے تیرے حجاب کے انداز

موت کو اہلِ دل سمجھتے ہیں
زندگانئ عشق کا آغاز

مر کے پایا شہید کا رتبہ
میری اس زندگی کی عمر دراز زندگی

کوئی آیا، تیری جھلک دیکھی
کوئی بولا، سنی تیری آواز

ہم سے کیا پوچھتے ہو ہم کیا ہیں
"اک بیاباں میں گم شدہ آواز"

تیرے انوار سے لبالب ہے
دل کا سب سے عمیق گوشۂ راز

آرہی ہے صدائے ہاتفِ غیب
جوشؔ ہمتائے حافظِ شیراز

• • •

INFRONT OF THE.....

Infront of the whole world a curtain lies
We marvel at the mystery you devise

People with sensitive nature come to terms with death
Start of a new life of love it signifies

We were elevated to martyr rank after death
Let life here-after be long after demise

My ears do not hear except your voice
Except your glimpse, none before my eyes

Why you may enquire who we are
"A voice in the wilderness" you may categories

I satiate your love to my hearts content
Heart's deepest mysteries unravel by surmise

"Josh", you are in the company of laureate poets
A voice comes from beyond the skies

* * *

Sārī Duniyā Hai.....

sārī duniyā hai ika pardā-e-rāza
ufa re tere hijāba ke aṃdāza

mauta ko ehale-dila samajhate haiṃ
zindagānī aśka kā āghāza

mara ke pāyā śahīda kā rutabā
merī ika zindagī kī umra darāza

koī āyā, terī jhalaka dekhī
koī bolā, sunī terī āvāza

hama se kyā pūchate ho hama kyā haiṃ
"ika bayābāṃ meṃ gumaśudā āvāza"

tere anavāra se labālaba hai
dila kā saba se amīqa gośae-rāza

ā rahī hai sadāe-hātifa anība
"jośa" hamatāe-hāfize śīrāza

* * *

सारी दुनिया है.....

सारी दुनिया है इक पर्दा–ए–राज़
उफ़ रे! तेरे हिजाब[1] के अंदाज़

मौत को एहले–दिल समझते हैं
ज़िन्दगानी अश्क का आग़ाज़[2]

मर के पाया शहीद का रुतबा
मेरी इस ज़िन्दगी की उम्र दराज़

कोई आया, तेरी झलक देखी
कोई बोला, सुनी तेरी आवाज़

हम से क्या पूछते हो हम क्या हैं
"इक बयाबां में गुमशुदा आवाज़"

तेरे अनवार से लबालब है
दिल का सब से अमीक़[3] गोशाए–राज़

आ रही है सदाए–हातिफ़[4] अनीब
"जोश" हमताए–हाफ़िज़े शीराज़

* * *

1. पर्दा 2. प्रारम्भ 3. गहरा 4. फ़रिश्ते की आवाज़

غزل

تبسّم ہے وہ ہونٹوں پر جو دل کا کام کر جائے
انہیں اس کی نہیں پروا کوئی مرتا ہے مر جائے

دعا ہے میری اے دل تجھ سے دنیا کوچ کر جائے
اور ایسی کچھ بنے تجھ پر کہ ارمانوں سے ڈر جائے

جو موقع مل گیا تو خضر سے یہ بات پوچھیں گے
جسے ہو جستجو اپنی وہ بے چارہ کدھر جائے

سحر کو سینۂ عالم میں پرتو ڈالنے والے
تصدّق اپنے جلوہ کا مرا باطن سنور جائے

پریشاں بال کرتے ہیں، انہیں شوخی سے مطلب ہے
بکھرتا ہے اگر شیرازۂ عالم، بکھر جائے

حیاتِ دائمی کی لہر ہے اس زِندگانی میں
اگر مرنے سے پہلے بن پڑے تو جوشؔ مر جائے

• • •

SUCH SMILE ON LIPS.....

Such smile on lips of beloved, as heart cannot fend
To be or not to be, beloved does not mind or mend

I wish, O heart, you may banish the world from self
And, at all, you may help leaving wishful trend

We'll enquire, if at all, we meet legendary Khizr
How may someone in search of self proceed and contend

The processor of light at dawn in the world at large
To enlighten my inner being let him condescend

Beloved is unfurling tresses, as a show of playfulness
If world goes in throes of darkness, let darkness descend

There is a measure of permanence in our life on earth
If "Josh" can die before death, let him meet his end

* * *

Tabassum Hai Vo.....

tabassuma hai vo hoṇṭoṃ para jo dila kā kāma kara jāe
unheṃ isa kī nahīṃ paravāha koī maratā hai mara jāe

duā hai merī ai dila tujha se duniyā kūca kara jāe
aura aisī kucha bane tujha para ki aramānoṃ se ḍara jāe

jo mauqā mila gayā to khizra se ye bāta pūcheṅge
jise ho justujū apanī vo becārā kidhara jāe

sahara ko sīnāe ālama meṃ para to ḍālane vāle
tasadduqa apane jalave kā merā bātana saṃvara jāe

pareśāṃ bāla karate haiṃ, unaheṃ śaukhī se matalaba hai
bikharatā hai agara śīrāzāe-ālama, bikhara jāe

hayāte-dāīmī kī lahara hai usa zindagānī meṃ
agara marane se pahale bana paḍe to "jośa" mara jāe

* * *

तबस्सुम है वो होंटों पर.....

तबस्सुम है वो होंटों पर जो दिल का काम कर जाए
उन्हें इस की नहीं परवाह कोई मरता है मर जाए

दुआ है मेरी ऐ दिल तुझ से दुनिया कूच कर जाए
और ऐसी कुछ बने तुझ पर कि अरमानों से डर जाए

जो मौक़ा मिल गया तो ख़िज़्र[1] से ये बात पूछेंगे
जिसे हो जुस्तुजू अपनी वो बेचारा किधर जाए

सहर को सीनए आलम में परतौ[2] डालने वाले
तसद्दुक़ अपने जलवे का मेरा बातिन[3] संवर जाए

परेशां बाल करते हैं, उन्हें शोख़ी से मतलब है
बिखरता है अगर शीराज़ा-ए-आलम[4], बिखर जाए

हयाते-दाईमी[5] की लहर है उस ज़िन्दगानी में
अगर मरने से पहले बन पड़े तो "जोश" मर जाए

* * *

---

1. पथ-प्रदर्शक 2. छाया, प्रतिबिम्ब 3. हृदय 4. सांसारिक-प्रबन्धन 5. स्थायी जीवन

غزل

پہنچ کر عالمِ وحدت میں دل سے کام لیتے ہیں
جب آدھی رات آجاتی ہے ان کا نام لیتے ہیں

برس جاتے ہیں موتی برق سی اک کوند جاتی ہے
کچھ اس انداز سے وہ مسکرا کر جام لیتے ہیں

کوئی اس کوششِ اخفائے رازِ عشق کی حد بھی
کہ خلوت میں بھی آہستہ کسی کا نام لیتے ہیں

یہ سن کر ہم نے میخانہ میں اپنا نام لکھوایا
جو میکش لڑکھڑاتا ہے وہ بازو تھام لیتے ہیں

سحر تک چاند میرے سامنے رکھتا ہے عکس ان کا
ستارے شب کو میرے ساتھ ان کا نام لیتے ہیں

نہیں معلوم کیا کھوئی ہوئی شے یاد آتی ہے
ہوا جب سرد چلتی ہے کلیجہ تھام لیتے ہیں

قریبِ رہگزر تربت کا ہونا بھی قیامت ہے
ادھر سے جو گزرتے ہیں تمہارا نام لیتے ہیں

• • •

ARRIVING.....

Arriving in the realm of identity, we take control of heart
When realm of night is supreme, not to lose our heart

We behold rubies and gems, we behold lightning flash
To behold beloved hold the goblet with a smile of sort

There is a limit to circumspection to keep it secret
Beloved alone not to own our name, not to upset apple cart

We patronized the tavern for the simple reason
That we not be over-board, will beloved's balancing art

Moon reflects beloved's face right till dawn
Stars accompany through the night, impetus to impart

We know not what nostalgic memories beckon
When cold wind blows about, it pierces like a dart

What wretch to be entombed near a treaded stretch
They utter, as they pass, your good name to distort

* * *

Pahuñc Kar.....

pahuñca kara ālame-vahadata meṃ dila se kāma lete haiṃ
jaba ādhī rāta ā jātī hai una kā nāma lete haiṃ

barasa jāte haiṃ motī barqa sī ika kūnda jātī hai
kucha isa aṃdāza se vo muskurākara jāma lete haiṃ

koī isa kośiśa-ẹ-akhfāe rāze iśqa kī hada bhī
ki khilavata meṃ bhī āhistā kisī kā nāma lete haiṃ

ye sunakara hama ne maikhāne meṃ apanā nāma likhavāyā
jo maikaśa laḋakhaḋātā hai vo bāzū thāma lete haiṃ

sahara taka cānda mere sāmane rakhatā hai aksa una kā
sitāre śaba ko mere sātha unakā nāma lete haiṃ

nahīṃ mālūma kyā khoī huī śaya yāda ātī hai
havā jaba sarda calatī hai kalejā thāma lete haiṃ

qarībe rahaguzara turbata kā honā bhī qayāmata hai
idhara se jo guzarate haiṃ tumhārā nāma lete haiṃ

• • •

पहुंच कर आलमे वहदत.....

पहुंच कर आलमे–वहदत में दिल से काम लेते हैं
जब आधी रात आ जाती है उन का नाम लेते हैं

बरस जाते हैं मोती बर्क़[1] सी इक कूंद जाती है
कुछ इस अंदाज़ से वो मुस्कुरा कर जाम लेते हैं

कोई इस कोशिश–ए–अख़्फ़ाए[2] राज़े इश्क़ की हद भी
कि ख़िलवत[3] में भी आहिस्ता किसी का नाम लेते हैं

ये सुन कर हम ने मैख़ाने में अपना नाम लिखवाया
जो मैकश लड़खड़ाता है वो बाज़ू थाम लेते हैं

सहर तक चांद मेरे सामने रखता है अक्स उन का
सितारे शब को मेरे साथ उन का नाम लेते हैं

नहीं मालूम क्या खोई हुई शय याद आती है
हवा जब सर्द चलती है कलेजा थाम लेते हैं

क़रीबे रहगुज़र तुर्बत[4] का होना भी क़यामत है
इधर से जो गुज़रते हैं तुम्हारा नाम लेते हैं

* * *

---

1. बिजली 2. गोपनीयता का चेष्य 3. एकांत 4. समाधि, क़ब्र

غزل

دل بجھ گیا ہے یہ سینہ خالی سا ہو گیا ہے
بیٹھا ہوا ہو حیران کچھ جیسے کھو گیا ہے

بیمارِ شامِ غم کی اللہ ری نا امید
ملتے ہی تم سے آنکھیں کچھ چپ سا گیا ہے

کِس زور میں رواں ہے دریائے غم کا دھارا
آیا ہے وہ، اپنی کشتی ڈبو گیا ہے

آتا ہے مجھ کو کیا کیا بے اختیار رونا
جب کوئی پوچھتا ہے، کیا تجھ کو ہو گیا ہے

کل سب کو چاندنی میں پھر اس کی یاد آئی
ہم جانتے تھے دل سے وہ محو ہو گیا ہے

چہرے پہ مردنی سی چھائی ہوئی ہے گویا
دو دن میں جوش تیرا کیا حال ہو گیا ہے

HEART IS EXTINCT.....

Heart is extinct, bosom has been empty precinct
I am sitting bemused, confused without a hint

What hopelessness for one separated from friend
He is looking list-less, no exchange of glances, no glint

Hapless sufferer of hopelessness has his boat perished
The torrent of unhappiness is at full sprint

I am prone to tear-burst beyond any control
When someone may enquire as to my instinct

Moonlit night last night brought beloved's memory
In our mind we had thought beloved had gone indistinct

Your face, on the face of it, has lost luster
Why in a couple of days, O "Josh", love has left its print

* * *

Dil Bujh Gayā.....

dila bujha gayā hai ye sīnā khālī sā ho gayā hai
baiṭhā huā ho hairāna kucha jaise kho gayā hai

bīmāre śāme-ghama kī allāha rī nā-ummīdī
milate hī tuma se āṃkheṃ, kucha cupa sā ho gayā hai

kisa zoraṃ meṃ ravāṃ hai dariyāe-ghama kā dhārā
āyā hai vo, apanī kiśtī ḍubo gayā hai

ātā hai mujha ko kyā kyā be-ikhtiyāra ronā
jaba koī pūchatā hai, kyā tujha ko ho gayā hai

kala saba ko cāndanī meṃ phira usakī yāda āī
hama jānate the dila se vo mahava ho gayā hai

cehare pe muradanī sī chāī huī hai goyā
do dina meṃ "jośa" terā kyā hāla ho gayā hai

* * *

दिल बुझ गया.....

दिल बुझ गया है ये सीना ख़ाली सा हो गया है
बैठा हुआ हो हैरान कुछ जैसे खो गया हो

बीमारे शामे–ग़म की अल्लाह री ना–उम्मीदी
मिलते ही तुम से आंखें, कुछ चुप सा हो गया है

किस ज़ोर में रवां है दरियाए ग़म का धारा
आया है वो, अपनी किश्ती डुबो गया है

आता है मुझ को क्या क्या बे–इख़्तियार रोना
जब कोई पूछता है, क्या तुझ को हो गया है

कल सब को चांदनी में फिर उस की याद आई
हम जानते थे दिल से वो महव[1] हो गया है

चेहरे पे मुरदनी सी छाई हुई है गोया
दो दिन में "जोश" तेरा क्या हाल हो गया है

* * *

1. तल्लीन

غزل

تجربہ کے دشت سے دل کو گزرنے کے لئے
روز اک صورت نئی ہے غور کرنے کے لئے

جب کوئی بنتا ہے لاکھوں ہستیوں کو میٹ کر
صبح تاروں کو دباتی ہے ابھرنے کے لئے

حاملِ اسرارِ فطرت ہوں گدا بھی ہوں تو کیا
بات یہ کافی ہے مجھ کو فخر کرنے کے لئے

روح کو چمکا، خودی کو توڑ کر زینے بنا
دو یہ تدبیریں ہیں دنیا میں ابھرنے کے لئے

غور سے دیکھا نظامِ دہر تو ثابت ہوا
آدمی پیدا ہوا ہے کام کرنے کے لئے

گوہرِ مقصود خود ملتا ہے، ہمت شرط ہے
مضطرب رہتا ہے ہر موتی ابھرنے کے لئے

کہہ دو دنیا کے حوادث سے نہ چھیڑیں اس طرح
جوشؔ ہم تیار ہی بیٹھے ہیں مرنے کے لئے

• • •

FREE RANGING.....

Free ranging in the desert of experimentation to incur
Every day a new challenge comes to recur

Having decimated thousand lives when a new life is born
A dawn is born when myriad stars are suppressed to blur

Even as an humble being, I bear nature's secrets
Enough it is for me to be proud and to defer

Emblazon your soul, embellish your ego to climb higher
These are the two strategies to stir and bestir

On close scrutiny of world order, it became quite clear
Man is born to sweat and toil and remain astir

Ambition fulfils itself, if willful heart wills itself
Each pearl agitates within the shell, nothing shall deter

Let the vagaries of world beware, not to mess about
O "Josh", even unprovoked, dieing we prefer

* * *

Tajurbe Ke Daśt Se.....

tajurbe ke daśta se dila ko guzarane ke lie
roza ika sūrata naī begaira karane ke lie

jaba koī banatā hai lākhoṃ hastiyoṃ ko meṭa kara
subaha tāroṃ ko dabātī hai ubharane ke lie

jāhila isarāre fitarata hūṃ, gadā bhī hūṃ to kyā
bāta ye kāfī hai mujha ko fakhra karane ke lie

rūha ko camakā, khudī ko toḍa kara zīne banā
do ye tadabīreṃ haiṃ duniyā meṃ ubharane ke lie

ghaura se dekhā nizāme dahara to sābita huā
ādamī paidā huā hai kāma karane ke lie

gauhare maqasūda khuda milatā hai himmata śarta hai
muzatariba rahatā hai hara motī ubharane ke lie

kaha do duniyā ke havādisa se na cheḍeṃ isa taraha
"jośa" hama tayyāra hī baiṭheṃ haiṃ marane ke lie

* * *

तजुर्बे के दश्त से.....

तजुर्बे के दश्त से दिल को गुज़रने के लिए
रोज़ इक सूरत नई बे ग़ौर करने के लिए

जब कोई बनता है लाखों हस्तियों के मेट कर
सुबह तारों को दबाती है उभरने के लिए

हामिले इसरारे फ़ितरत हूं, गदा[1] भी हूं तो क्या
बात ये काफ़ी है मुझ को फ़ख़र करने के लिए

रूह को चमका, ख़ुदी को तोड़ कर ज़ीने बना
दो ये तदबीरें[2] हैं दुनिया में उभरने के लिए

ग़ौर से देखा निज़ामे दहर तो साबित हुआ
आदमी पैदा हुआ है काम करने के लिए

गौहरे मक़सूद[3] खुद मिलता है हिम्मत शर्त है
मुज़तरिब[4] रहता है हर मोती उभरने के लिए

कह दो दुनिया के हवादिस से न छेड़ें इस तरह
"जोश" हम तय्यार ही बैठें हैं मरने के लिए

* * *

1. भिखारी 2. उपाय 3. मोती का कामना 4. व्याकुल

غزل

قوت بڑھا رہی ہیں دمِ صبح نور کی
روحانیت میں غرق صدائیں طیور کی

تیرے سلوک سے مجھے چنداں غرض نہیں
میں نے تری خلوص سے خدمت ضرور کی

روکے ہوئے ہیں گو کہ تحمّل کی قوتیں
رگ رگ تڑپ رہی ہے دلِ ناصبور کی

کہتے تھے دل پہ ہاتھ نہ رکھا کرو بہت
عادت بگاڑ دی نہ دلِ ناصبور کی

اے جوش! یہ کلام میں ہوتی نہ گرمیاں
تم نے کبھی کسی سے محبت ضرور کی

• • •

LIGHT AT BREAK.....

Light at break of dawn is emblazoned ever more
As soulful voices of the birds in the air soar

I have no complaint as to how you treated me
I am content with my intent to serve at your door

Though power of restraint is at full stretch
Every vein of vane-ful heart is in a state of gore

Beloved's advice is not to pamper heart as such
Lest it should be spoilt right through its core

O "Josh"! there wouldn't be such passion in your verses
You have tasted certainly some one's love before

✸ ✸ ✸

Quvvat Baḍhā Rahī.....

quvvata baḍhā rahī haiṃ dame-subaha nūra kī
rūhāniyata meṃ g͟harqa sadāyeṃ tayūra kī

tere salūka se mujhe candāṃ g͟harza nahīṃ
maiṃ ne terī k͟hulūsa se k͟hidamata zarūra kī

roke hue haiṃ go ki tahammula kī quvvateṃ
raga-raga taḍapa rahī hai dile nāsabūra kī

kahate the dila pe hātha na rakhā karo bahuta
ādata bigāḍa dī na dile nāsabūra kī

ai "jośa!" ye kalāma meṃ hotī na garmiyāṃ
tuma ne kabhī kisī se muhabbata zarūra kī

* * *

कुव्वत बढ़ा रही हैं.....

कुव्वत बढ़ा रही हैं दमे–सुबह नूर की
रूहानियत में ग़र्क़ सदायें तयूर[1] की

तेरे सलूक से मुझे चंदां ग़र्ज़ नहीं
मैं ने तेरी ख़ुलूस से ख़िदमत ज़रूर की

रोके हुए हैं गो कि तहम्मुल[2] की कुव्वतें
रग–रग तड़प रही है दिले नासबूर की

कहते थे दिल पे हाथ न रखा करो बहुत
आदत बिगाड़ दी न दिले–नासबूर[3] की

ऐ "जोश!" ये कलाम में होती न गर्मियां
तुम ने कभी किसी से मुहब्बत ज़रूर की

* * *

1. चिड़ियाँ 2. सहनशीलता 3. असंतोषी हृदय

غزل

یوں ہم اس شوق کو پہلو میں لئے بیٹھے ہیں
کوئی دیکھے تو یہ سمجھے کہ پڑے بیٹھے ہیں

تم سے اظہارِ خیالات کریں یا مرجائیں
آج اس بات کا ہم عہد کئے بیٹھے ہیں

ضد دلانا جو ہے مقصود تبسّم کو ترے
ہم پھر آج اپنے گریباں کو لئے بیٹھے ہیں

ہنس رہے ہیں شبِ وعدہ وہ مکاں میں اپنے
ہم ادھر عیش کا سامان کئے بیٹھے ہیں

جو مقدّر میں ہے وہ ہو کے رہے گا اے جوشؔ
آپ کیوں دل کو پریشان کئے بیٹھے ہیں

• • •

WITH A SULLEN.....

With a sullen attitude is beloved beside us seated
This may lead to speculation our love is defeated

We may be candid with friend or fail to befriend
We have taken a vow today not to be ill treated

We intend today to test your penchant for a smile
We'll like to see today that we are well greeted

Beloved is non chalant not to meet as promised
Here we are sulking, to our homestead having retreated

Whatever moving finger writes, we are bound by its writ
Why, O "Josh", you are repentant for your sins repeated

* * *

Yūṃ Ham Is Śauq.....

yūṃ hama isa śauqa ko pahalū meṃ lie baiṭhe haiṃ
koī dekhe to ye samajhe ki piṭe baiṭhe haiṃ

tuma se izahāre khayālāta kareṃ yā mara jāyeṃ
āja isa bāta kā hama ahada kie baiṭhe haiṃ

ziḍa dilānā jo hai maqasūda tabassuma ko tereṃ
hama phira āja apane girebāṃ ko lie baiṭhe haiṃ

haṃsa rahe haiṃ śabe vādā voha makāṃ meṃ apane
hama idhara aiśa kā sāmāna kie baiṭhe haiṃ

jo muqaddara meṃ hai vo hoke rahegā ai "jośa"
āpa kyoṃ dila ko pareśāna kie baiṭhe haiṃ

* * *

यूं हम इस शौक़.....

यूं हम इस शौक़ को पहलू में लिए बैठे हैं
कोई देखे तो ये समझे कि पिटे बैठे हैं

तुम से इज़हारे ख़यालात करें या मर जायें
आज इस बात का हम अहद[1] किए बैठे हैं

ज़िद दिलाना जो है मक़्सूद तबस्सुम को तेरे
हम फिर आज अपने गिरेबां को लिए बैठे हैं

हंस रहे हैं शबे वादा वोह मकां में अपने
हम इधर ऐश का सामान किए बैठे हैं

जो मुक़द्दर में है वो होके रहेगा ऐ "जोश"
आप क्यों दिल को परेशान किए बैठे हैं

* * *

1. प्रण

غزل

خاموشیوں سے اور کچھ آزاد نہ ہو جائے
ڈرتا ہوں سلب قوتِ گفتار نہ ہو جائے

دیکھ اے جفا شعار نہ کر اس قدر ستم
کوئی غریب جان سے بیقرار نہ ہو جائے

ہر چند خود کشی کو برا جانتا ہوں میں
مجھ سے بھی کام یہ کہیں ناچار نہ ہو جائے

انجامِ عشق لوح پہ لکھو نہ دوستو
دنیا وفا کے نام سے بیزار نہ ہو جائے

* * *

IN THE PREVADING.....

In the pervading silence, speech may get liberated
I am afraid speaking power is debilitated

O tormentor! don't be so harsh and oppressive
Some poor soul, in desperation, may be devastated

Act of suicide, though, I may detest
I may be forced to act, to be decimated

So that realm of reality is stead fast with fidelity
Let the end result of love not be deprecated

* * *

K͟hāmoaśiyoṃ Se.....

k͟hāmośiyoṃ se aura kucha āzāda na ho jāe
ḍaratā hūṃ salaba quvvate guftāra na ho jāe

dekha ai vafā śuāra na kara isa qadra sitama
koī g͟harība jāna se beqarāra na ho jāe

haracanda k͟hudakuśī ko burā jānatā hūṃ maiṃ
mujha se bhī kāma ye kahīṃ nācāra na ho jāe

aṃjāma iśqa lauha pe likho na dosto
duniyā vafā ke nāma se bezāra na ho jāe

✹ ✹ ✹

ख़ामोशियों से.....

ख़ामोशियों से और कुछ आज़ाद न हो जाए
डरता हूं सलब[1] क़ुव्वते-गुफ़्तार[2] न हो जाए

देख ऐ जफ़ा-शुआ़र[3] न कर इस क़द सितम
कोई ग़रीब जान से बेक़रार न हो जाए

हरचंद ख़ुदकुशी[4] को बुरा जानता हूं मैं
मुझ से भी काम ये कहीं नाचार न हो जाए

अंजाम इश्क लौह[5] पे लिखो न दोस्तो
दुनिया वफ़ा के नाम से बेज़ार न हो जाए

✹ ✹ ✹

---

1. छीन लेना 2. वार्तालाप की शक्ति 3. निदयता की पद्धति
4. आत्महत्या 5. पट्टिका

غزل

درد کو دل میں جو کم پاتا ہوں
کانپ اٹھتا ہوں، تڑپ جاتا ہوں

جب کسی کو نہیں پاتا ہمدرد
ہر طرف دیکھ کے رہ جاتا ہوں

مجھ سے کہیئے نہ خوشی کے قصّے
ایسی باتوں سے میں گھبراتا ہوں

اللہ اللہ یہ عزّت غم کی
اب جو ہنستا ہوں تو شرماتا ہوں

• • •

WHEN PAIN OF HEART.....

When pain of heart I find mitigated
I get a shiver, I am agitated

When I do not find anyone sympathetic
I look in all directions, all deflated

Don't relate tales of mirth for me
For me, such talk is unrelated

I hold sorrow in such high respect
I feel disrespectful, if elated

* * *

Dard Ko Dil Meṃ.....

darda ko dila meṃ jo kama pātā hūṃ
kāmpa uṭhatā hūṃ, taḍapa jātā hūṃ

jaba kisī ko nahīṃ pātā hamadarda
hara tarafa dekha ke raha jātā hūṃ

mujha se kahie na khuśī ke qisse
aisī bātoṃ se maiṃ ghabarātā hūṃ

allāha-allāha ye azzata ghama kī
aba jo haṃsatā hūṃ to śarmātā hūṃ

दर्द को दिल में.....

दर्द को दिल में जो कम पाता हूं
कांप उठता हूं, तड़प जाता हूं

जब किसी को नहीं पाता हमदर्द
हर तरफ़ देख के रह जाता हूं

मुझ से कहिए न ख़ुशी के क़िस्से
ऐसी बातों से मैं घबराता हूं

अल्लाह–अल्लाह ये इज़्ज़त ग़म की
अब जो हंसता हूं तो शर्माता हूं

* * *

غزل

درد نے دل میں چمک کر طرفہ ساماں کر دیا
پیکر تاریک کو فانوسِ عرفاں کر دیا

ہم نے پھولوں کو چھوا، مرجھا کے کانٹے ہو گئے
تم نے کانٹوں پر قدم رکھا گلستاں کر دیا

اس عنایت کے تصدق، اس تعلق کے نثار
آپ کو میری خطاؤں نے پشیماں کر دیا

• • •

PAIN IN HEART.....

Pain in heart had lit my star of soul alight
With its glow, the dark interior was caught in a noose of light

Flowers with our touch withered into thorn
With the beloved's breezy step, thorns were put to flight

Beholden to beloved's favours and beloved's belongs
I am peeved that you are grieved over my oversight

* * *

Dard Ne Dil Ko.....

darda ne dila meṃ camaka kara tarafā sāmāṃ kara diyā
paikara-e-tārīka ko fānūsa-e-irfāṃ kara diyā

hama ne phūloṃ ko chuā murajhā ke kāṃṭe ho gae
tuma ne kāṃṭoṃ para qadama rakhā gulistāṃ kara diyā

isa ināyata ke taṣadduqa, isa tālluqa ke nisāra
āpa ko merī khatāoṃ ne paśemāṃ kara diyā

* * *

दर्द ने दिल को.....

दर्द ने दिल में चमक कर तरफ़ा सामां कर दिया
पैकर-ए-तारीक[1] को फ़ानूस-ए-इर्फ़ां[2] कर दिया

हम ने फूलों को छुआ मुरझा के कांटे हो गए
तुम ने कांटों पर क़दम रखा गुलिस्तां कर दिया

इस इनायत के तसद्दुक़[3], इस ताल्लुक़ के निसार
आप को मेरी ख़ताओं ने पशेमां[4] कर दिया

* * *

1. अंधकार 2. विद्वता का प्रकाश 3. त्यौहार 4. लज्जित

غزل

روز منہ آنسوؤں سے دھوتے ہیں
دل کی ناطاقتی پر روتے ہیں

یاد آتی ہیں جب تری باتیں
ہم کلیجہ پکڑ کے روتے ہیں

کچھ نہیں اب محال دنیا میں
میری تربت پہ آپ روتے ہیں

WITH TEARS.....

With tears daily we anoint our face
Weakness of heart is difficult to face

Whenever we recall beloved's memories.
We withstand realism staring in the face

On my grave side, beloved is mournful
Nothing in the world now I cannot face

✸ ✸ ✸

Roz Muṃh Āṃsuoṃ.....

roza muṃha āṃsuoṃ se dhote haiṃ
dila kī nā-tāqatī para rote haiṃ

yāda ātī haiṃ jaba terī bāteṃ
hama kalejā pakaḋa ke rote haiṃ

kucha nahīṃ aba muhāla duniyā meṃ
merī turbata pe āpa rote haiṃ

रोज़ मुंह आंसुओं.....

रोज़ मुंह आंसुओं से धोते हैं
दिल की ना–ताक़ती पर रोते हैं

याद आती हैं जब तेरी बातें
हम कलेजा पकड़ के रोते हैं

कुछ नहीं अब मुहाल दुनिया में
मेरी तुर्बत[1] पे आप रोते हैं

* * *

1. समाधि, क़ब्र

غزل

جوشؔ مر رہنے کی جی میں ٹھان لیں
اب تو اس دل ہی کا کہنا مان لیں

جان لیں گے فلسفہ ہر چیز کا
پہلے ہم اپنی حقیقت جان لیں

صدر ہے یہ کون بزمِ حشر میں
اک ذرا صورت تو ہم پہچان لیں

• • •

TO DIE.....

To die, O "Josh", you have resolved indeed
To your mind's dictate, you may acceed

We'll get to the heart of each matter
To our heart if we pay some heed

Who is presiding over dooms day proceeding
We may be introduced as we proceed

* * *

Marne Kī.....

"jośa" mara rahane kī jī meṃ ṭhāna leṃ
aba to isa dila hī kā kahanā māna leṃ

jāna leṅge falasafā hara cīza kā
pahale hama apanī haqīqata jāna leṃ

sadra hai ye kauna bazme haśra meṃ
ika zarā sūrata to hama pahacāna leṃ

* * *

मरने की.....

जोश मर रहने की जी में ठान लें
अब तो इस दिल ही का कहना मान लें

जान लेंगे फ़लसफ़ा[1] हर चीज़ का
पहले हम अपनी हक़ीक़त जान लें

सद्र[2] है ये कौन बज़्मे हश्र में
इक ज़रा सूरत तो हम पहचान लें

* * *

1. दर्शनशास्त्र 2. अध्यक्ष

غزل

کب تک ستم اٹھائیں، کب تک جگر سنبھالیں
اب دل میں ٹھان لی ہے، سینے سے ہاتھ اٹھالیں

شہروں میں گشت کرلیں صحرا میں خاک اڑالیں
تم کو بھی ڈھونڈلیں گے، اپنے کو پہلے پالیں

جنگل میں چاندنی ہے، ہر پھول ہنس رہا ہے
اس وقت تم بھی ہوتے، کیونکر تمہیں بلالیں

* * *

HOW LONG.....

How long shall we suffer, how long we shall agitate
Our mind is now made up, we give up any date

We may wander in habitat or wanderlust in wilderness
Before we discover beloved, to discern ourselves innate

Desert is ablaze with moonlight, every flower is delight
How we wish you were around, we wish to communicate

* * *

Kab Tak Sitam Uṭhāeṃ....

kaba taka sitama uṭhāeṃ, kaba taka jigara sambhāleṃ
aba dilama meṃ ṭhāna lī hai, sīne se hātha uṭhāleṃ

śaharoṃ meṃ gaśta karaleṃ saharā meṃ <u>kh</u>āka uḋāleṃ
tuma ko bhī ḍhūṇḍa leṅge, apane ko pahale pā leṃ

jaṅgala meṃ cāndanī hai, hara phūla haṃsa rahā hai
isa vaqta tuma bhī hote, kyoṅkara tumheṃ bulā leṃ

✹ ✹ ✹

कब तक सितम उठाएं.....

कब तक सितम उठाएं, कब तक जिगर संभालें
अब दिल में ठान ली है, सीने से हाथ उठालें

शहरों में गश्त करलें सहरा में ख़ाक उड़ालें
तुम को भी ढूंड लेंगे, अपने को पहले पा लें

जंगल में चांदनी है, हर फूल हंस रहा है
इस वक़्त तुम भी होते, क्योंकर तुम्हें बुला लें

* * *

غزل

قلب کو دے تو دے خوشی آرام
روح کو درد ہی جگاتا ہے

عزم اتنے ہوئے ہیں فسخ کہ اب
دل ارادے سے کانپ جاتا ہے

دل کے آئینے میں مرے کوئی
زلفیں بیٹھا ہوا بناتا ہے

کچھ دنوں سے تو اب بہت مجھ کو
اپنی حالت پہ رحم آتا ہے

• • •

HEART IS RESTFUL.....

Heart is restful if satiated
Soul, by lack of satisfaction, though is elevated

So many resolves have gone overboard, that now
For another resolve, heart is not motivated

Ensconced in the mirror of my heart
Beloved's tresses are seen decorated

Since many a day now I am
Drawn to pity my state unstated

✸ ✸ ✸

Qalb Ko De.....

qalba ko de to de khuśī ārāma
rūha ko darda hī jagātā hai

azma itane hue haiṃ fasakha ki aba
dila irāde se kāmpa jātā hai

dila ke āīne meṃ mire koī
zulfeṃ baiṭhā huā banātā hai

kucha dinoṃ se to aba bahuta mujha ko
apanī hālata pe rahama ātā hai

✸ ✸ ✸

क़ल्ब को दे.....

क़ल्ब[1] को दे तो दे ख़ुशी आराम
रूह को दर्द ही जगाता है

अज़्म इतने हुए हैं फ़सख़[2] कि अब
दिल इरादे से कांप जाता है

दिल के आईने में मिरे कोई
ज़ुल्फ़ें बैठा हुआ बनाता है

कुछ दिनों से तो अब बहुत मुझ को
अपनी हालत पे रहम आता है

* * *

1. हृदय 2. खण्डित

غزل

دیکھتے ہی انہیں، وہ حال نہ تھا
مجھ کو جیسے کوئی ملال نہ تھا

تیرے ملنے سے قبل مجھ کو تھا
مگر اس قدر ملال نہ تھا

لوٹ جاتا چمک پہ دنیا کی
میں کوئی طفلِ خورد مال نہ تھا

* * *

SEEING BELOVED.....

Seeing beloved, I was ecstatic
As if the effect was never so emphatic

I was nervous, no doubt, before meeting
Even so, the result was prophetic

I could have been dazzled by the world
But I was never childishly euphonic

* * *

Dekhte Hī Unheṃ.....

dekhate hī unheṃ, vo hāla na thā
mujha ko jaise koī malāla na thā

tere milane se qibla mujha ko
thā, magara isa qadra malāla na thā

lauṭa jātā camaka pe duniyā kī
maiṃ koī tifla <u>kh</u>urda māla na thā

✹ ✹ ✹

देखते ही उन्हें.....

देखते ही उन्हें, वो हाल न था
मुझ को जैसे कोई मलाल न था

तेरे मिलने से क़ब्ल[1] मुझ को
था, मगर इस क़द्र मलाल न था

लौट जाता चमक पे दुनिया की
मैं कोई तिफ़्ल[2] ख़ुर्द-माल[3] न था

* * *

1. पहले 2. शिशु 3. खाद्य-सामग्री

رباعیات

انجام کے آغاز کو دیکھا میں نے
ماضی کے ہر انداز کو دیکھا میں نے
کل نام ترا لیا، جو بوئے گل نے
تا دیر اس آواز کو دیکھا میں نے

* * *

ان مواقع پہ ہم کو ہوش آیا
جب کہیں ذکر سے خروش آیا
میری بے ہوشیوں کو جو سمجھا
زندگی بھر نہ اس کو ہوش آیا

* * *

بے مائیگیِ نیاز و افلاسِ گداز
ناداریٔ عشوہ وہتی دستی ناز
کوتاہ نگاہوں کو بتاؤں کیوں کر
کیا حادثۂ عظیم ہے عمرِ دراز

* * *

RUBAIYAAT

I have seen it all from the beginning to the end
I have seen the past in all its twist and bend
Flower's wafting scent whispered your name
For long will your name with the future blend

* * *

Whenever wine and tavern came in conversation
On such occasion senses came out of alienation
Whoever had understood my lack of decorum
They had lost for ever their senses and sensation

* * *

Patronage and dotage have lost benevolence
Paucity of beguiling, plenty of malevolence
How shall I explain the cause of non chalance
Ah this torment and my life long incidence

* * *

Rubāiyāt.....

aṃjāma ke āg͟hāza ko dekhā mainne
māzī ke hara aṃdāza ko dekhā mainne
kala nāma terā liyā, jo būe-gula ne
tā dera usa āvāza ko dekhā mainne

✸ ✸ ✸

una mavāqe pe hama ko hośa āyā
jaba kahīṃ zikra se k͟harośa āyā
merī behośiyoṃ ko jo samajhā
zindagī bhara na usako hośa āyā

✸ ✸ ✸

be māyagī niyāzo ifalāse gudāza
nādarī aśvā vahatī dastī nāza
kotāha nigāhoṃ ko batāū̐ kyoṃ kara
kyā hādasā azīma hai umre darāza

✸ ✸ ✸

रुबाइयात

अंजाम के आग़ाज़ को देखा मैंने
माज़ी[1] के हर अंदाज़ को देखा मैंने
कल नाम तेरा लिया, जो बूए–गुल ने
ता देर उस आवाज़ को देखा मैंने

* * *

उन मवाक़े पे हम को होश आया
जब कहीं ज़िक्र से ख़रोश आया
मेरी बेहोशियों को जो समझा
ज़िन्दगी भर न उस को होश आया

* * *

बेमायगी नियाज़ो इफ़्लासे–गुदाज़[2]
नादारी–अश्वा[3] वहती दस्ती नाज़
कोताह–निगाहों[4] को बताऊँ क्यों कर
क्या हादसा अज़ीम है उम्रे दराज़

* * *

1. भूतकाल 2. कोमल निर्धनता 3. दीन अहंकार 4. लधु दृष्टि

رباعیات

پژمردہ ہو کے بے رخیٔ باغباں سے ہم
برگِ خزاں کی طرح چلے بوستاں سے ہم
تلقین کی احتیاج نہیں ہم کو زاہد
ہیں فیض یاب صحبتِ پیرِ مغاں سے ہم

* * *

جب سے عاشق ہوتے تمہارے ہم
لگ گئے گور کے کنارے ہم
وصل کی شب وہ مجھ سے کہتے ہیں
آج تم جیتے اور ہارے ہم

* * *

تیری زلفوں میں ہے کہانی میری
تیری پلکوں میں پرفشانی میری
یہ جو تری آنکھوں میں ہیں غلطاں ڈورے
گزری تھی یہیں سے کل جوانی میری

* * *

RUBAIYAAT

From the garden keeper's company we parted
Like autumn leaf from the garden we parted
O preacher, we don't need your advice
For us tavern keeper's advice has been imparted

* * *

Ever since we fell in love with you
We were subjected to privations all undue
At the time of union beloved is to taunt
To day you have won, to day you subdue

* * *

My tale is entwined in your tresses
My memory is linked with your caresses
Reflected deep in your eyes is my chequered past
To refulgate my youth and its excesses

* * *

Rubāiyāt.....

paza murdā hoke, berukh̲ī-e-bāgh̲abāna se hama
bagarga-kh̲izāṃ kī taraha cale bostāna se hama
talaqīna kī ehatiyāja nahīṃ hama ko zāhida
haiṃ faizayāba, sohabate pīre-mugh̲āṃ se hama

✸ ✸ ✸

jaba se āśiqa hue tumahāre hama
laga gae gora ke kināre hama
vasla kī śaba vo mujha se kahate haiṃ
āja tuma jīte aura hāre hama

✸ ✸ ✸

terī zulfoṃ meṃ hai kahānī merī
terī palakoṃ meṃ purafaśānī merī
ye jo terī āṃkhoṃ meṃ haiṃ gh̲alatāṃ ḍore
guzarī thī yahīṃ se kala javānī merī

✸ ✸ ✸

रुबाइयात

पज़–मुर्दा[1] होके, बेरुख़ी बाग़बान से हम
बर्गे–ख़िज़ां[2] की तरह चले बोस्तान[3] से हम
तलक़ीन[4] की एहतियाज नहीं हम को ज़ाहिद
हैं फ़ैज़याब, सोहबते पीरे–फुग़ां[5] से हम

* * *

जब से आशिक़ हुए तुमहारे हम
लग गए गोर के किनारे हम
वस्ल की शब[6] वो मुझ से कहते हैं
आज तुम जीते और हारे हम

* * *

तेरी ज़ुल्फ़ों में है कहानी मेरी
तेरी पलकों में पुरफ़शानी[7] मेरी
ये जो तेरी आंखों में हैं ग़लतां डोरे
गुज़री थी यहीं से कल जवानी मेरी

* * *

---

1. खिन्न 2. पतझड़ के पत्ते 3. उद्यान 4. उपदेश 5. वृद्ध के परिवाद 6. मिलन की रात 7. बिखराव की कहानी

رباعیات

پہلے تو غروب ہوا میرا چہرہ
پھر یار قمر جبیں کا اترا چہرہ
شاید مرے چہرے کو منانے کے لئے
اس شوخ نے بھیجا ہے خود اپنا چہرہ

* * *

دم ان کے سامنے نکلے دعا یہ مانگوں گا
ذرا مجھے مرے احباب قبلہ رُو کرتے
برا ہو دل کا یہ کمبخت آہ کر بیٹھا
قریب تھا کہ وہ مجھ سے گفتگو کرتے

* * *

رات بھر گنتے رہے تارے شبِ تار میں ہم
یاد افشانِ رُخِ یار نے سونے نہ دیا
خواب میں دیکھ لیا رقص جو کرتے ان کو
گھنگھروں کی ہمیں جھنکار نے سونے نہ دیا

* * *

RUBAIYAAT

First my face had gone into oblivion
Then beloved's moon like face lost its vision
To save my face, beloved condescended
To substitute my face as an act of provision

* * *

I had wished beside beloved I could breathe my last
I wish my well wishers had turned my face right
Woe betide my heart to let escape a sigh
As beloved was so nigh to be contrite

* * *

We kept awake through the tortuous night
No sleep as resplendent face of beloved not insight
If in dream we glimpsed beloved dance
Echo of trinkets made insomnolent plight

* * *

Rubāiyāt.....

pahale to g͟hurūba huā merā ceharā
phira yāra qamara jabīṃ kā utarā ceharā
śāyada mere cehare ko manāne ke lie
usa śok͟ha ne bhejā hai k͟huda apanā ceharā

✹ ✹ ✹

dama unake sāmane nikale duā ye māṅgūṅgā
zarā mujhe mere ehabāba qiblā-rū karate
burā ho dila kā ye kambak͟hta āha kara baiṭhā
qarība thā ki vo mujha se guftagū karate

✹ ✹ ✹

rāta bhara ginate rahe tāre śabe-tāra meṃ hama
yāda afaśāne ruk͟he yāra ne sone na diyā
k͟hvāba meṃ dekha liyā, raqsa jo karate unako
ghuṅgharūṃ kī hameṃ jhanakāra ne sone na diyā

✹ ✹ ✹

रुबाइयात

पहले तो ग़ुरूब[1] हुआ मेरा चेहरा
फिर यार क़मर जबीं का उतरा चेहरा
शायद मेरे चेहरे को मनाने के लिए
उस शोख़ ने भेजा है ख़ुद अपना चेहरा

✹ ✹ ✹

दम उनके सामने निकले दुआ ये मांगूंगा
ज़रा मुझे मेरे एहबाब क़िब्ला–रू[2] करते
बुरा हो दिल का ये कम्बख़्त आह कर बैठा
क़रीब था कि वो मुझ से गुफ़्तगू करते

✹ ✹ ✹

रात भर गिनते रहे तारे शबे–तार में हम
याद अफ़शाने रुख़े–यार ने सोने न दिया
ख़्वाब में देख लिया, रक़्स[3] जो करते उन को
घुंघरूं की हमें झनकार ने सोने न दिया

✹ ✹ ✹

---

1. डूबना 2. मक्का की तरफ़ नृत्य

رباعیات

یہ رشک کے صدمے کبھی دل سہہ نہیں سکتا
جنت بھی ترا گھر ہو تو میں رہ نہیں سکتا
سمجھو تو اسی پردے میں کہہ جاتا ہے سب کچھ
جو تم سے یہ کہتا ہے وہ میں کچھ کہہ نہیں سکتا

• • •

جو یاد ہجر میں ان کی کوئی ادا آئی
پیری کا بھیس بدل کر مری قضا آئی
صبا تو آئی ہے کیا ہو کے اس کے کوچے سے
کہ تجھ سے آج مجھے بوئے آشنا آئی

• • •

آمادہ ہو جو سوزِ نہاں کے بیان پر
انگارہ خود اٹھا کے میں رکھ لوں زبان پر
چھوڑو خدا پر ہی کہ وہاں ہوگا فیصلہ
میرے بیان پر نہ تمہارے بیان پر

• • •

RUBAIYAAT

Such acts of envy and frenzy heart cannot sustain
In your habitat, even if paradise, I cannot remain
If you comprehend, lots of hints nature can send
What signals nature may send, I cannot help explain

✸ ✸ ✸

When in time of separation, I remember beloveds mannerism
I was struck as if by a lance in retaliation
From the beloved's alley is breeze on visitation
That I detect in it a message of reconciliation

✸ ✸ ✸

You are incensed at my tale of woe
To keep my tongue in check in cheek, I vow
Let God decide on the Day of Judgment
Between you and me right and wrong of the row

✸ ✸ ✸

Rubāiyāt.....

ye raśka ke sadame kabhī dila saha nahīṃ sakatā
jannata bhī terā ghara ho to maiṃ raha nahīṃ sakatā
samajho to usī parde meṃ kaha jātā hai saba kucha
jo tuma se ye kahatā hai, maiṃ kucha kaha nahīṃ sakatā

✸ ✸ ✸

jo yāde hijra meṃ unakī koī adā āī
pīrī kā bhesa badala kara merī qazā āī
sabā to āī hai kyā hoke usake kūce se
ki tujha se āja mujhe būe-āśanā āī

✸ ✸ ✸

āmādā ho jo soze-nihāṃ ke bayāna para
aṃgārā <u>kh</u>uda uṭhā ke maiṃ rakhalū zubāna para
choḍo <u>kh</u>udā para hī ki vahāṃ hogā faisalā
mere bayāna para na tumhāre bayāna para

✸ ✸ ✸

रुबाइयात

ये रश्क[1] के सदमे कभी दिल सह नहीं सकता
जन्नत भी तेरा घर हो तो मैं रह नहीं सकता
समझो तो उसी पर्दे में कह जाता है सब कुछ
जो तुम से ये कहता है, मैं कुछ कह नहीं सकता

* * *

जो यादे हिज्र[2] में उन की कोई अदा आई
पीरी का भेस बदल कर मेरी क़ज़ा आई
सबा तो आई है क्या हो के उस के कूचे से
कि तुझ से आज मुझे बूए—आशना[3] आई

* * *

आमादा हो जो सोज़े—निहां[4] के बयान पर
अंगारा ख़ुद उठा के मैं रखलूं ज़ुबान पर
छोड़ो ख़ुदा पर ही कि वहां होगा फ़ैसला
मेरे बयान पर न तुम्हारे बयान पर

* * *

1. ईर्ष्या 2. जुदाई 3. मित्र की सुगंध 4. छुपी हुई जलन

Haqīqate-Khāl

azala ke roza terī śakla jaba banāī thī
banāne vāle ko itanī pasanda āī thī

ki dera taka tujhe dekhā kiyā thā hairata se
nazara jamāī thī rukhasāra para muhabbata se

nazara ṇe apanā kiyā kāma eka marakaza para
siyāha niśāna banāyā nigāha ne jama kara

khabara bhī hai tujhe? ye soziśe nihāṃ hai vahī
samajha rahā hai jise "khāla" ye niśāṃ hai vahī

* * *

हक़ीक़ते-ख़ाल[1]

अज़ल[2] के रोज़ तेरी शक्ल जब बनाई थी
बनाने वाले को इतनी पसंद आई थी

कि देर तक तुझे देखा किया था हैरत से
नज़र जमाई थी रुख़सार[3] पर मुहब्बत से

नज़र ने अपना किया काम एक मरकज़[4] पर
सियाह निशान बनाया निगाह ने जम कर

ख़बर भी है तुझे? ये सोज़िशे निहां[5] है वही
समझ रहा है जिसे "ख़ाल[6]" ये निशां है वही

* * *

---

1. तिल की वास्तविकता 2. संसार का प्रथम दिन 3. चेहरा
4. केन्द्र 5. गुप्त तपन 6. तिल

تجاہلِ عارفانہ

کیوں صبح یوں عرق میں نہائے ہوئے ہو تم
شاید کسی خلش کے جگائے ہوئے ہو تم

الجھا ہوا ہے کرب سے ہر رشتہ نفس
گو دیکھنے میں زلف بنائے ہوئے ہو تم

جن مشغلوں سے کھیلتی رہتی تھی کم سنی
ان مشغلوں سے ہاتھ اٹھائے ہوئے ہو تم

شاید یہ اہتمام ہوا اخفائے راز کا
ہمجولیوں سے آنکھ چرائے ہوئے ہو تم

خود کو لئے دیئے ہو مگر کہہ رہے ہیں طور
سینے میں ایک حشر چھپائے ہوئے ہو تم

کیا جوشِ نامراد کو دیکھا ہے خواب میں
یوں صبح کو جو شام بنائے ہوئے ہو تم

* * *

NON CHALANCE

Why drenched in sweat in the morning are you
Perhaps due to some anguish, insomnolent are you

Your every breath is betraying some underlying torment
Apparently, though, in fine fettle and form are you

The hobbies that kept you busy in your childhood
In those very hobbies no longer interested are you

Perhaps you have a ploy to keep your friends in dark
Aloof and out of contact with friends are you

You seem self possessed, your style is indicating
One source of raging hell fire are you

Have you seen "Josh" in your wild dreams
So distraught and sullen in the morning are you

* * *

Tajāhul Ārifānā

kyoṃ subaha yūṃ arqa meṃ nahāe hue ho tuma
śāyada kisī khaliśa ke jagāe hue ho tuma

ulajhā huā hai karba se hara riśtāe-nafasa
go dekhane meṃ zulfa banāe hue ho tuma

jina maśaghaloṃ ṣe khelatī rahatī thī kamasinī
una maśaghaloṃ se hātha uṭhāe hue ho tuma

śāyada ye ehatimāma huā akhfāe-rāza kā
hamajoliyoṃ se āṃkha curāe hue ho tuma

khuda ko lie-die ho magara kaha rahe haiṃ tūra
sīne meṃ eka haśra chupāe ho tuma

kyā "jośa" nāmurāda ko dekhā hai khvāba meṃ
yoṃ subaha ko jo śāma banāe hue ho tuma

* * *

तजाहुल[1] आरिफ़ाना[2]

क्यों सुबह यूं अर्क़ में नहाए हुए हो तुम
शायद किसी ख़लिश[3] के जगाए हुए हो तुम

उलझा हुआ है कर्ब[4] से हर रिश्ताए–नफ़स
गो देखने में ज़ुल्फ़ बनाए हुए हो तुम

जिन मशग़लों[5] से खेलती रहती थी कमसिनी
उन मशग़लों से हाथ उठाए हुए हो तुम

शायद ये एहतिमाम हुआ अख़्फ़ाए–राज़[6] का
हमजोलियों से आंख चुराए हुए हो तुम

ख़ुद को लिए–दिए हो मगर कह रहे हैं तूर[7]
सीने में एक हश्र छुपाए हुए हो तुम

क्या "जोश" नामुराद को देखा है ख़्वाब में
यों सुबह को जो शाम बनाए हुए हो तुम

* * *

---

1. जानकर अनजान बनना 2. बुद्धिमान 3. चुभन 4. व्याकुलता
5. कार्य 6. गोपनीय रहस्य 7. पद्धति

مجھے تری نعمتوں کی خواہش نہیں

بے تعلق ہو دین و دنیا سے
حُبِّ ثروت نہ فکرِ جنت ہے

نہ مجھے شوق صبحِ آسائش
نہ مجھے ذوق شامِ عشرت ہے

نہ تو حور و قصور پر مائل
نہ تو ساقی و مے سے رغبت ہے

نہ تقاضائے منصب و جاگیر
نہ تمنائے شان و شوکت ہے

''کچھ مجھے تیرے در سے مل جائے''
کس منافق کو اس کی حسرت ہے

کیا کروں گا میں نعمتیں لے کر
میری ہر سانس ایک نعمت ہے

تجھ پہ روشن ہے اے مرے مولا
کہ مرے دل میں سوزِ وحدت ہے

''تیرے انعام'' کی نہیں خواہش
بلکہ مجھ کو ''تری'' ضرورت ہے

• • •

NON WISHING FOR YOUR BOUNTIES

For temporal and spiritual world, I am oblivious
My lack of love for prize and paradise is obvious

I have no taste for the luxury of morning
I do not look for the evening devious

I am no admirer of hourie's beauty
I am not in love with wine luxurious

I don't care for trappings of power
I do not wish for pomp and show spurious

"I should get some favors from your source
I do not entertain such longing frivolous

What shall I do with more belongings
My every breath is a longing curious

O God, you know so well indeed
Other than God, my mind is impervious

I am not wishing to receive your bounties
I need you alone, all else is injurious

* * *

Mujhe Terī Naimatoṃ Kī Khvāhiś Nahīṃ

be tālluqa ho dīno-duniyā se
habbe-saravata na, fikre jannata ho

na mujhe śauqa subahe āsāiśa
na mujhe .zauqa śāme iśrata hai

na to ḥūro qasūra para māyala
na to sāqī-o-maya se raghabata hai

na taqāzae manasabo jāgīra
na tamannāe śāno śaukata hai

"kucha mujhe tere dara se mila jāe"
kisa munāfiqa ko isakī hasarata hai

kyā karūṅgā maiṃ naimateṃ lekara
merī hara sāṃsa eka naimata hai

tujha pe rauśana hai ai mire maulā
ki mere dila meṃ soze-vahadata hai

"tere ināma" kī nahīṃ khvāhiśa
balki mujha ko "terī" zarūrata hai

* * *

मुझे तेरी नैमतों की ख़्वाहिश नहीं

बे ताल्लुक़ हो दीनो–दुनिया से
हुब्बे–सरवत[1] न, फ़िक्रे जन्नत है

न मुझे शौक़ सुबहे आसाइश
न मुझे ज़ौक़ शामे इश्रत है

न तो हूरो क़सूर पर मायल[2]
न तो साक़ी–ओ–मे से रग़बत[3] है

न तक़ाज़ए मनसबो जागीर
न तमन्नाए शानो शौकत है

"कुछ मुझे तेरे दर से मिल जाए"
किस मुनाफ़िक़[4] को इस की हसरत है

क्या करूंगा मैं नैमतें लेकर
मेरी हर सांस एक नैमत है

तुझ पे रौशन है ऐ मिरे मौला
कि मेरे दिल में सोज़े–वहदत है

"तेरे इनाम" की नहीं ख़्वाहिश
बल्कि मुझ को "तेरी" ज़रूरत है

* * *

1. वैभव से प्रेम 2. अनुरक्त 3. प्रेम 4. मतभेद रखने वाला

ہماری سیر

لوگ ہنستے ہیں، چہچہاتے ہیں
شام کو سیر سے جب آتے ہیں

لیمپ کی روشنی میں یاروں کو
داستانیں نئی سناتے ہیں

ہم پلٹتے ہیں جب گلستاں سے
آہ بھرتے ہیں، تھرتھراتے ہیں

آپ سمجھے یہ ماجرا کیا ہے
سنیئے ہم آپ کو سناتے ہیں

وہ لگاتے ہیں صرف چکر ہی
ہم مناظر سے دل لگاتے ہیں

وہ نظر ڈالتے ہیں لہروں پر
اور ہم تہ میں ڈوب جاتے ہیں

گھر پلٹتے ہیں وہ ''ہوا'' کھا کر
اور ہم ''زخم'' کھا کے آتے ہیں

• • •

OUR STROLL

Folks laugh, chuckle and talk
On their return in the evening for a walk

In the fading twilight they relate
To friends new tales so intimate

On our return from garden's romp
We are all sighs, aquiver, no pomp

You may wonder what it all connotes
Let us tell you what it all denotes

People just go round and round
We plant our feet on the ground

Only on the surface their eyes can urge
Down to the very depth, however, we splurge

They return having just gulped air
We return satiated with zest and flair

* * *

Hamārī Sair

loga haṃsate haiṃ, cahacahāte haiṃ
śāma ko saira se jaba āte haiṃ

lempa kī rośanī meṃ yāroṃ ko
dāstāneṃ naī sunāte haiṃ

hama palaṭate haiṃ jaba gulistāṃ se
āha bharate haiṃ, tharatharāte haiṃ

āpa samajhe ye mājarā kyā hai
sunie hama āpa ko sunāte haiṃ

vo lagāte haiṃ sirfa cakkara hī
hama manāzira se dila lagāte haiṃ

vo nazara ḍālate haiṃ laharoṃ para
aura hama taha meṃ ḍūba jāte haiṃ

ghara palaṭate haiṃ vo "havā" khākara
aura hama "zak͟hma" khāke āte haiṃ

* * *

हमारी सैर

लोग हंसते हैं, चहचहाते हैं
शाम को सैर से जब आते हैं

लेम्प की रोशनी में यारों को
दास्तानें नई सुनाते हैं

हम पलटते हैं जब गुलिस्तां से
आह भरते हैं, थरथराते हैं

आप समझे ये माजरा क्या है
सुनिए हम आप को सुनाते हैं

वो लगाते हैं सिर्फ़ चक्कर ही
हम मनाज़िर[1] से दिल लगाते हैं

वो नज़र डालते हैं लहरों पर
और हम तह में डूब जाते हैं

घर पलटते हैं वो "हवा" खाकर
और हम "ज़ख़्म" खाके आते हैं

* * *

1. दृश्यों

شادی و مرگ

کدھر ہے موت؟ آ کہ غم سے لبوں پر اب جان آ رہی ہے
وہ شمع جو یادگارِ شب تھی، اسے بھی آندھی بجھا رہی ہے

دہائی حسنِ خجستہ خو کی، کہ رسمِ عالم کی فتنہ خیزی
چھٹے ہوؤں کو ملا رہی ہے، ملے ہوؤں کو چھڑا رہی ہے

اُدھر عروسی لباسِ زر میں دمک رہا ہے کسی کا مکھڑا
اِدھر کسی کی خوشی کو دنیا سیاہ کفن پہنا رہی ہے

اُدھر نفیری کی مست لہریں لئے ہوئے ہیں پیامِ شادی
اِدھر نسیمِ سحر کی جنبش ترانۂ غم سنا رہی ہے

قدیم پیغامبر تھی میری، صبا کو یہ آج کیا ہوا ہے
اِدھر بجھاتی چلی ہیں شمعیں، اُدھر شگوفے کھلا رہی ہے

اِدھر کلیجے میں تھرتھراتا ہے شعلۂ مرگِ ناگہانی
اُدھر شبستانِ رنگ و بو میں حیاتِ نو مسکرا رہی ہے

• • •

MIRTH AND DEATH

Where are you, O Death, come as sorrows hasten my end
The fluttering candle all night against winds cannot defend

God save from fickle folk, from world's cussedness
They unite those separated, disunite friend from friend

There, someone is resplendent, bedecked in crimson bridal dress
Here, someone's joy is draped in black mourning trend

There, the flute's mellowing music is giving message of mirth
Here, the morning muse is mournful end to end

From the days of yore was breeze my confidant, but now
It is blowing out my very candles, yet helping others no end

Here, within my body is life ebbing away
There, in the wide world is life emerging round the bend

* * *

Śādī Va Mirg

kidhara hai mauta? ā ki g̱hama se laboṃ para aba jāna ā rahī hai
vo śamā, jo yādagāre śaba thī, use bhī āṃdhī bujhā rahī hai

dabāī husne k̲h̲ajastā k̲h̲ū kī, ki rasme ālama kī fitanā k̲h̲aizī
chuṭe huoṃ ko milā rahī hai, mile huoṃ ko chuḍ̂ā rahī hai

ụdhara urūsī libāse zara meṃ damaka rahā kiṣī kā mukhaḍ̂ā
idhara kisī kī k̲h̲uśī ko duniyā siyāha kafana pahanā rahī hai

udhara naferī kī masta lahareṃ lie hue haiṃ payāme śādī
idhara nasīme sahara kī jumbiśa tarānāe g̱hama sunā rahī hai

qadīma paig̱hāmabara thī merī, sabā ko ye āja kyā huā hai
idhara bujhātī calī haiṃ śammeṃ, udhara śagūfe khilā rahī hai

idhara kaleje meṃ tharatharānā hai śolā marge-nāgahānī
udhara śabistāne raṅgo bū meṃ hayāte-nau muskurā rahī hai

❁ ❁ ❁

शादी व मिर्ग[1]

किधर है मौत? आ कि ग़म से लबों पर अब जान आ रही है
वो शमा, जो यादगारे शब थी, उसे भी आंधी बुझा रही है

दुहाई हुस्ने ख़्वजस्ता–ख़ू[2] की, कि रस्मे आलम की फ़ितना ख़्वेज़ी
छुटे हुओं को मिला रही है, मिले हुओं को छुड़ा रही है

उधर उरूसी लिबासे ज़र[3] में दमक रहा किसी का मुखड़ा
इधर किसी की ख़ुशी को दुनिया सियाह कफ़न पहना रही है

उधर नफ़री[4] की मस्त लहरें लिए हुए हैं पयामे शादी
इधर नसीमे सहर की जुंबिश तरानाए ग़म सुना रही है

क़दीम पैग़ामबर[5] थी मेरी, सबा को ये आज क्या हुआ है
इधर बुझाती चली हैं शम्में, उधर शगूफ़े खिला रही है

इधर कलेजे में थरथराना है शोला मर्गे–नागहानी[6]
उधर शबिस्ताने रंगो–बू[7] में हयाते–नौ मुस्कुरा रही है

* * *

---

1. मौत 2. शुभ 3. दुल्हन का क़ीमती कपड़ा 4. काला
5. ध्वनि 6. पुरानी संदेशवाहक 7. अचानक मृत्यु 6. अंतः पुर का रंग और सुगंध

حسنِ مجازی

ذریعہ ہے دماغوں کے لئے نازک خیالی کا
مجازی حسن اک باریک سا پردہ ہے جالی کا

نظر کو طالبِ دیدار کی جو صاف کرتا ہے
اور اتنا چھانتا ہے، اس قدر شفاف کرتا ہے

کہ آجاتا ہے اتنا نور انساں کی بصارت میں
نگہ لرزش نہیں کرتی ہے پھر بزمِ حقیقت میں

نہ دل میں خوف رہتا ہے نہ آنکھیں ہی جھپکتی ہیں
بہ آسانی نگاہیں روئے جاناں دیکھ سکتی ہیں

جہاں تک ہو سکے حسنِ مجازی پر نظر ڈالو
اور اس کے نور سے اپنی نگاہیں صاف کر ڈالو

* * *

TEMPORAL BEAUTY

For the intellectual minds it provides a means of speculation
A fine curtain is temporal beauty, a fine mesh of fabrication

Sight of one seeking to see it makes ever so clear
And makes it so transparent by means of distillation

That human eye acquires such inner light to see
That sight does not wander in the realm of real creation

No fear lurks in mind, no winking wavering of eyes
They can focus right on beloved with utmost simplification

Bring into focus the temporal beauty, as far as possible
With its help bring about visual purification

* * *

Husne Majāzī

zariyā hai dimāg̲h̲oṃ ke lie nāzuka k̲h̲ayālī kā
majāzī husna ika bārīka sā pardā hai jālī kā

nazara ko tālibe-dīdāra kī jo sāfa karatā hai
aura itanā chānatā hai, isa qadara śaffāfa karatā hai

ki ā jātā hai itanā nūra inasāṃ kī basāṛata meṃ
nigāha laraziśa nahīṃ karatī hai phira bazme haqīqata meṃ

na dila meṃ k̲h̲aufa rahatā hai na āṃkheṃ hī jhapakatī haiṃ
bā āsānī nigāheṃ rūe-jānāṃ dekha sakatī haiṃ

jahāṃ taka ho sake husne-majāzī para nazara ḍālo
aura usake nūra se apanī nigāheṃ sāfa kara ḍālo

हुस्ने मजाज़ी

ज़रिया है दिमाग़ों के लिए नाज़ुक ख़याली का
मजाज़ी हुस्न इक बारीक सा पर्दा है जाली का

नज़र को तालिबे-दीदार की जो साफ़ करता है
और इतना छानता है, इस क़द शफ़्फ़ाफ़[1] करता है

कि आ जाता है इतना नूर इनसां की बसारत[2] में
निगाह लरज़िश[3] नहीं करती है फिर बज़्मे हक़ीक़त में

न दिल में ख़ौफ़ रहता है न आंखें ही झपकती हैं
बा आसानी निगाहें रूए-जानां देख सकती हैं

जहां तक हो सके हुस्ने-मजाज़ी पर नज़र डालो
और उसके नूर से अपनी निगाहें साफ़ कर डालो

* * *

---

1. स्वच्छ 2. दृष्टि 3. कम्पन

ٹھنڈی انگلیاں

سرد انگلی اپنے مفلس باپ کی پکڑے ہوئے
رو رہا ہے ایک بچہ اک دکاں کے سامنے

اک کھلونے کی طرف انگلی اٹھا کر بار بار
کچھ نہیں کہتا، لیکن رو رہا ہے زار زار

باپ کی نمناک آنکھوں میں ہے تکمیلِ یاس
کیا قیامت ہے پسر کے آنسوؤں کا انعکاس

دل ہوا جاتا ہے بچے کے بلکنے سے فگار
کہہ رہا ہے زیرِ لب فریاد اے پروردگار

واہ کیا تقدیر ہے اس بندۂ معصوم کی
ہو چلی ہیں انگلیاں ٹھنڈی مرے معصوم کی

* * *

FRIGID FINGERS

Clutching cold finger of his destitute father
A child is crying in front of a shopping quarter

Pointing again and again with his finger for a toy
Doesn't utter a word, but cries aloud the boy

Father's tearful eyes are indicating his desire
His doleful tears tell a tale of inability so dire

His heart is all asunder for the boy's lamentation
Is muttering for God a plea, beyond explanation

Why is the innocent child being so fated
Why are the innocent child's fingers getting refrigerated

* * *

Ṭhaṇḍī Uṃgliyāṃ

sarda uṃgalī apane muflisa bāpa kī pakaḍe hue
ro rahā hai eka baccā ika dukāṃ ke sāmane

ika khilaune kī tarafa uṃgalī uṭhākara bāra-bāra
kucha nahīṃ kahatā, lekina ro rahā hai zāra-zāra

bāpa kī namanāka āṃkhoṃ meṃ paye takamīla-e-pāsa
kyā qayāmata hai pisara ke āṃsūoṃ kā inaikāsa

dila huā jātā hai bacce ke bilakane se figāra
kaha rahā hai zere laba fariyāda ai-paravaradigāra

vāha kyā taqadīra hai isa bandā-e-māsūma kī
ho calī haiṃ uṃgaliyāṃ ṭhaṇḍī mere māsūma kī

* * *

ठंडी उंगलियां

सर्द उंगली अपने मुफ़्लिस बाप की पकड़े हुए
रो रहा है एक बच्चा इक दुकां के सामने

इक खिलौने की तरफ़ उंगली उठाकर बार-बार
कुछ नहीं कहता, लेकिन रो रहा है ज़ार-ज़ार

बाप की नमनाक[1] आंखों में पये तकमील-ए-पास[2]
क्या क़्यामत है पिसर के आंसूओं का इनइकास[3]

दिल हुआ जाता है बच्चे के बिलकने से फ़िगार[4]
कह रहा है ज़ेरे लब फ़रियाद ऐ-परवरदिगार

वाह क्या तक़दीर है इस बंदा-ए-मासूम की
हो चली हैं उंगलियां ठंडी मेरे मासूम की

* * *

1. आर्द्र, गीली 2. पाने की ललक 3. प्रतिबिम्बित होना 4. घायल

عبادت

عبادت کرتے ہیں جو لوگ جنت کی تمنّا میں
عبادت تو نہیں ہے، اک طرح کی وہ تجارت ہے

جو ڈر کر نارِ دوزخ سے خدا کا نام لیتے ہیں
عبادت کیا وہ خالی بزدلانہ ایک خِدمت ہے

مگر جب شکر نعمت میں جبیں جھکتی ہے بندے کی
وہ ''سچی بندگی'' ہے اک شریفانہ اطاعت ہے

* * *

WORSHIP

Those who supplicate for love of paradise
That is no worship, it is trade in disguise

Those who chant God's name in fear of hell fire
That is no worship, it is cowardice. they maximize

But bowing head in return for God's favors and bounties
That is genuine worship, their humility not to minimize

Ibādat

ibādata karate haiṃ jo loga jannata kī tamannā meṃ
ibādata to nahīṃ hai, ika taraha kī vo tijārata hai

jo ḍara kara nāre-dozakha se khudā kā nāma lete haiṃ
ibādata kyā vo khālī buzadilānā eka khidamata hai

magara jaba śukre naimata meṃ jabīṃ jhukatī hai bande kī
vo "saccī bandagī" hai ika śarīfānā itāata kī

❋ ❋ ❋

इबादत

इबादत करते हैं जो लोग जन्नत की तमन्ना में
इबादत तो नहीं है, इक तरह की वो तिजारत[1] है

जो डर कर नारे-दोज़ख़[2] से ख़ुदा का नाम लेते हैं
इबादत क्या वो ख़ाली बुज़दिलाना एक ख़िदमत है

मगर जब शुक्रे नैमत में जबीं झुकती है बंदे की
वो "सच्ची बंदगी" है इक शरीफ़ाना इताअ़त[3] है

* * *

1. व्यापार 2. नर्क की अग्नि 3. आज्ञा पालन

K<u>h</u>itāb (Ek Lambī Nazm)

kisa zubāṃ se kaha rahe ho āja ai saudāgaro
dahara meṃ inasāniyata ke nāma ko ūṃcā karo

jisa ko saba kahate haiṃ hiṭalara, bheḍiyā hai bheḍiyā
bheḍiye ko māra do golī, pae amno-baqā

hātha hai hiṭalara kā ra<u>kh</u>śe <u>kh</u>uda-sarī kī bāga para
teg<u>h</u>a kā pānī chiḍaka do, jaramanī kī āga para

sa<u>kh</u>ta hairāṃ hūṃ ki mahafila meṃ tumhārī aura ye zikra
nūe inasānī ke mustaqabila kī aba karate ho fikra

jaba yahāṃ āe the tuma, saudāgarī ke vāste
noai inasānī ke mustaqabila se kyā vāqifa na the

ख़िताब (एक लम्बी नज़्म)

किस ज़ुबां से कह रहे हो आज ऐ सौदागरो
दहर में इनसानियत के नाम को ऊंचा करो

जिस को सब कहते हैं हिटलर, भेड़िया है भेड़िया
भेड़िये को मार दो गोली, पए अम्नो-बक़ा[1]

हाथ है हिटलर का रख़्शे[2] ख़ुद-सरी की बाग पर
तेग़[3] का पानी छिड़क दो, जरमनी की आग पर

सख़्त हैरां हूं कि महफ़िल में तुम्हारी और ये ज़िक्र
नूए इनसानी के मुस्तक़बिल की अब करते हो फ़िक्र

जब यहां आए थे तुम, सौदागरी के वास्ते
नोए इनसानी के मुस्तक़बिल से क्या वाक़िफ़ न थे

---

1. शांति के अस्तित्व के लिए 2. घोड़ा 3. तलवार

ہندیوں کے جسم میں کیا روحِ آزادی نہ تھی
سچ بتاؤ کیا وہ انسانوں کی آبادی نہ تھی

اپنے ظلمِ بے نہائت کا فسانہ یاد ہے
کمپنی کا بھی وہ دورِ مجرمانہ یاد ہے

لوٹتے پھرتے تھے تم جب کارواں در کارواں
سر برہنہ پھر رہی تھی دولتِ ہندوستاں

صنعتِ ہندوستاں پر موت تھی چھائی ہوئی
موت بھی کیسی، تمہارے ہاتھ کی لائی ہوئی

اللہ اللہ کس قدر انصاف کے طالب ہو آج
میر جعفر کی قسم، کیا دشمنِ حق تھا سراج

وہ اودھ کی بیگموں کا بھی ستانا یاد ہے
یاد ہے، جھانسی کی رانی کا زمانہ یاد ہے

In the body politic of India, was no soul of freedom alive
To ask the truth, were no bees busy in beehive

Remember you not your practice of unbridled cruelty
Remember you not the Company's period with impunity

When you were looting all, right, left and center
When you were riding high horse, unchecked on the canter

Industriousness of India was breathing its last breath
What an irony, your hand had brought about the death

O God, for justice today how you are desperate
To swear by Mir Jaffer, for Sirajuddolla you were insensate

Remember you not the Begmat of Oudh's notorious torture
Remember you not Rani of Jhansi and her stature

hindiyoṃ ke jisma meṃ kyā rūhe āzādī na thī
saca batāo kyā vo inasānoṃ kī ābādī na thī

apane zulma-e-benihāyata kā fasānā yāda hai
kampanī kā bhī vo daure mujarimānā yāda hai

lūṭate phirate the tuma, jaba kāravoṃ dara kāravāṃ
sara birahanā phira rahī thī daulate-hindostāṃ

sanaate-hindustāṃ para, mauta thī chāī huī
mauta bhī kaisī, tumhāre hātha kī lāī huī

allāha-allāha kisa qadara inasāfa ke tāliba ho āja
mīra jāfara kī qasama, kyā duśmane haqa thā sirāja

vo avadha kī begamoṃ kā bhī satānā yāda hai
yāda hai, jhāṃsī kī rānī kā zamānā yāda hai

हिन्दियों के जिस्म में क्या रोगे आज़ादी न थी
सच बताओ क्या वो इनसानों की आबादी न थी

अपने ज़ुल्म–ए–बेनिहायत का फ़साना याद है
कम्पनी का भी वो दौरे मुजरिमाना याद है

लूटते फिरते थे तुम, जब कारवां दर कारवां
सर बरहना[1] फिर रही थी दौलते–हिन्दोस्तां

सनअतें[2] हिन्दुस्तां पर, मौत थी छाई हुई
मौत भी कैसी, तुम्हारे हाथ की लाई हुई

अल्लाह–अल्लाह किस क़द इनसाफ़ के तालिब हो आज
मीर जाफ़र की क़सम, क्या दुश्मने हक़ था सिराज

वो अवध की बेगमों का भी सताना याद है
याद है, झांसी की रानी का ज़माना याद है

शेर दिल टीपू की ख़ूनीं दास्तां भी याद है
हिजरते सुलताने–देहली का समां भी याद है

---

1. नंगे सर 2. उद्योग–धंधे

شیر دل ٹیپو کی خونیں داستاں بھی یاد ہے
ہجرتِ سلطانِ دہلی کا سماں بھی یاد ہے

سچ کہو کیا حافظے میں ہے، وہ ظلمِ بے پناہ
آج تک رنگون میں اک قبر ہے جس کی گواہ

ذہن میں ہوگا یہ تازہ ہندیوں کا داغ بھی
یاد تو ہوگا تمہیں جلیانوالہ باغ بھی

پوچھ لو اس سے، تمہارا نام کیوں تابندہ ہے
''ڈائرِ'' گرگِ دہن آلود، اب بھی زندہ ہے

وہ بھگت سنگھ، اب بھی جس کے غم میں دل ناشاد ہے
اس کی گردن میں جو ڈالا تھا وہ پھندا یاد ہے

آج کشتی، خلق کے امواج پر کھیتے ہو کیوں
سخت حیراں ہوں کہ اب تم درسِ حق دیتے ہو کیوں

Remember you not valient Tipu's assasination
Remember you not Emperor of Delhi's emigration

Remember you not that grave, unmitigated injustice
Grave of King Zafar in Rangoon is a reminder of that injustice

It must be on your mind the recent Indian scar
You must sure remember Jalianwala Bagh to mar

You ask Dyer the tyrant why your name is in the mud
He had trampled flowers of Amritsar in their bud

That famous martyr Bhagat Singh whose memory still is evocative
He had laid his life down, to keep the movement active

Why today on the waves of amity your boat you row
I am puzzled why such lessons of piety you preach now

śera dila ṭīpū kī k͟hūnī dāstāṃ bhī yāda hai
hijarate sulatāne-dehalī kā samāṃ bhī yāda hai

saca kaho kyā hāfze meṃ hai, vo zulma ve panāha
āja taka raṅgūna meṃ, ika qabra hai jisa kī gavāha

zahana meṃ hogā ye tāzā hindiyoṃ kā dāg͟ha bhī
yāda to hogā tumheṃ jaliyāṃ-vālā bāg͟ha bhī

pūcha lo usase, tumhārā nāma kyoṃ tābindā hai
"ḍāyara" garge-dahana ālūda, aba bhī zindā hai

vo bhagata siṃha, aba bhī jisa ke g͟hama meṃ dila nāśāda hai
usakī gardana meṃ jo ḍālā thā vo phandā yāda hai

āja kiśtī k͟halqe-amavāja para khete ho kyoṃ
sak͟hta hairāṃ hūṃ ki aba tuma darse-haqa dete ho kyoṃ

सच कहो क्या हाफ़ज़े में है, वो ज़ुल्म बे पनाह
आज तक रंगून में, इक क़ब्र है जिस की गवाह

ज़हन में होगा ये ताज़ा हिन्दियों का दाग़ भी
याद तो होगा तुम्हें जलियां–वाला बाग़ भी

पूछ लो उस से, तुम्हारा नाम क्यों ताबिन्दा[1] है
"डायर" गर्गे–दहन[2] आलूद[3] अब भी ज़िन्दा है

वो भगत सिंह, अब भी जिस के ग़म में दिल नाशाद है
उस की गर्दन में जो डाला था वो फंदा याद है

आज किश्ती ख़ल्क़े–अमवाज पर खेते हो क्यों
सख़्त हैरां हूं कि अब तुम दर्से–हक देते हो क्यों

मुजरिमों के वास्ते ज़ेबा[1] नहीं ये शोरिशें[2]
कल यज़ीदो–शमर थे और आज बनते हो हुसैन

---

1. प्रकाशमान 2. भोड़िया 3. पापी

مجرموں کے واسطے زیبا نہیں یہ شور شیں
کل یزید و شمر تھے اور آج بنتے ہو حسین

خیر او سوداگرو، اب ہے تو بس اس بات میں
وقت کے فرمان کے آگے جھکا دو گردنیں

اک کہانی وقت لکھّے گا نئے مضمون کی
جس کی سرخی کو ضرورت ہے تمہارے خون کی

وقت کا فرمان، اپنا رخ بدل سکتا نہیں
موت ٹل سکتی ہے، یہ فرمان ٹل سکتا نہیں

* * *

It doesn't behove perpetrators to cry wolf for help
You were wolf yesterday, in sheep's clothing today you yelp

Ah well, O you traders, you may fume at the trend
It is writing on the wall, before it your necks you bend

Time will tell to add a chapter to the new story
Your blood will provide the title of the tale so gory

This writing on the wall, a single word of it
You may ward off death, but no word of this writ

* * *

mujarimoṃ ke vāste zebā nahīṃ ye śoriśeṃ
kala yazīdo-śamara the aura āja banate ho husaina

khaira o saudāgaro! aba hai to basa isa bāta meṃ
vaqta ke faramāna ke āge jhukā do gardiśeṃ

ika kahānī vaqta likhegā, naye mazamūna kī
jisa kī surkhī ko zarūrata hai tumhāre khūna kī

vaqta kā faramāna, apanā rukha badala sakatā nahīṃ
mauta ṭala sakatī hai, ye faramāna ṭala sakatā nahīṃ

✹ ✹ ✹

ख़ैर ओ सौदागरो! अब है तो बस इस बात में
वक़्त के फ़रमान के आगे झुका दो गर्दिशें[3]

इक कहानी वक़्त लिखेगा, नये मज़मून[4] की
जिस की सुर्ख़ी को ज़रूरत है तुम्हारे ख़ून की

वक़्त का फ़रमान, अपना रुख़ बदल सकता नहीं
मौत टल सकती है, ये फ़रमान टल सकता नहीं

* * *

---

1. उचित 2. दंगा, अशांति 3. गर्दनें 4. विषय